# PRÉCIS

DE

# ...HÉTORIQUE

DIVISÉ EN TRENTE LEÇONS,

*à l'usage des Pensionnats de Demoiselles,*

SUIVI D'UN

## PETIT TRAITÉ DE VERSIFICATION;

PAR J.-A. GUYET.

Ext... de la *Rhétorique appliquée* du même auteur.

LYON,
...ARD ET JOSSERAND, IMPRIMEURS-LIBRAIRES,
Place Bellecour, 21.

PARIS,
PERISSE FRÈRES, LIBRAIRES,
Rue du Petit-Bourbon-Saint-Sulpice, 18.

1852

# PRÉCIS DE RHÉTORIQUE.

IMPRIMERIE DE MAILLET, GIRARD ET JOSSERAND,
Rue St-Dominique, 13, à Lyon.

# PRÉCIS

DE

# RHÉTORIQUE

DIVISÉ EN TRENTE LEÇONS,

*A l'usage des Pensionnats de Demoiselles,*

SUIVI D'UN

## PETIT TRAITÉ DE VERSIFICATION;

PAR J.-A. GUYET.



Extrait de la *Rhétorique appliquée* du même auteur.



LYON,
GIRARD ET JOSSERAND, IMPRIMEURS-LIBRAIRES,
Place Bellecour, 21.
PARIS,
PERISSE FRÈRES, LIBRAIRES,
Rue du Petit-Bourbon-Saint-Sulpice, 18.

1852

# AVIS.

---

C'est à la sollicitation de plusieurs Directrices de pensionnats de demoiselles que j'ai extrait ce Précis de ma *Rhétorique appliquée*, en trois parties : *préceptes*, *canevas* et *modèles*. Ce dernier ouvrage servira de développement à celui que j'offre aujourd'hui aux jeunes personnes, sous une forme un peu restreinte et peut-être un peu aride : car je ne me dissimule pas que, réduits à un simple exposé, les préceptes de l'art sont rebutants pour le jeune âge, qui trouve heureusement dans l'excellence et la fraîcheur de la mémoire une compensation à la sécheresse de la matière. Aussi, pour le succès de mon travail, je compte beaucoup sur la bonne volonté des demoiselles, dont les goûts naturels et délicats se passionnent volontiers pour toutes espèces de fleurs, soit qu'elles croissent dans les jardins, soit qu'elles végètent ignorées dans ce vaste parterre qu'on nomme la Rhétorique.

La division de ces préceptes indique qu'ils doivent être appris par cœur. J'ai eu soin de faire accorder, autant qu'il m'a été possible, non-seulement le sens, mais encore la forme de la question avec la réponse, afin que l'élève puisse saisir presque toujours dans celle-là le premier mot de celle-ci. J'ai aussi retranché toutes les expressions servant à la liaison des idées, pour épargner aux jeunes personnes l'ennui de retrancher elles-mêmes de leurs réponses les mots inutiles à la clarté.

GUYET.

Lyon, Janvier 1852.

# PRÉCIS DE RHÉTORIQUE.

## Première Leçon.

(Les développements de cette Leçon se trouvent dans la préface du tome 1er de ma *Rhétorique appliquée*, et aux pages 1 à 17, 32, 33 et 34.)

### RHÉTORIQUE ET ÉLOQUENCE.

1. La Rhétorique est l'*art de bien dire*.

2. Par le mot *dire*, on entend parler et écrire.

3. Par le mot *bien*, on entend tout ce qui est moral, instructif, et qui nous porte à la perfection.

4. La Rhétorique est appelée *art*, parce qu'elle renferme les préceptes du langage et du style. Elle est à l'éloquence ce que la grammaire est à la langue.

5. L'Eloquence est le talent de bien parler. C'est un don de la nature plutôt qu'une science acquise.

6. La Rhétorique est la fille de l'Éloquence. C'est des écrits des bons auteurs dans tous les genres qu'on a extrait ce recueil de préceptes auquel on a donné le nom de Rhétorique.

7. A force de travail et d'étude on peut devenir éloquent ; mais celui qui n'a pas reçu de la nature des dispositions éminentes, atteindra rarement à la perfection. Voilà pourquoi il y a si peu de grands orateurs !

8. La Rhétorique, pour en donner une définition plus étendue que la précédente, est le recueil des préceptes dont l'étude nous aide à parler et à écrire avec éloquence sur des sujets moraux et instructifs.

9. Je dis *moraux et instructifs*, parce qu'on ne doit point regarder comme bon écrivain celui qui traite, même avec talent, de choses immorales et futiles, indignes des méditations de l'esprit humain.

10. Les préceptes de la Rhétorique se divisent en deux parties : l'une renferme les préceptes généraux qui s'appliquent à la composition et au style, l'autre les préceptes particuliers qui régissent chaque espèce de composition.

## QUESTIONNAIRE.

1. Qu'est-ce que la Rhétorique? — 2. Qu'entend-on par le mot *dire?* — 3. Qu'entend-on par le mot *bien?* — 4. Pourquoi la Rhétorique est-elle appelée *art?* — 5. Qu'est-ce que l'Eloquence? — 6. D'où est née la Rhétorique? — 7. Peut-on devenir éloquent? — 8. Donnez une définition claire et étendue de la Rhétorique. — 9. Pourquoi dites-vous *moraux et instructifs?* — 10. Comment se divisent les préceptes de la Rhétorique?

---

# Deuxième Leçon.

(Développements, tome Ier, pages 20 à 25.)

# PREMIÈRE PARTIE.

## PRÉCEPTES GÉNÉRAUX DE COMPOSITION ET DE STYLE.

### CHAPITRE Ier. — INVENTION.

1. L'art de la composition consiste à rassembler plusieurs idées, à les mettre en ordre, et à les présenter dans un style convenable.

2. La composition comprend trois parties, qui sont : l'*invention*, la *disposition* et l'*élocution* ou le *style*.

3. L'on joint à ces trois parties, et comme complément d'un cours de Rhétorique, l'*action* ou le débit, qui regarde la contenance, les mouvements du corps, la prononciation, la déclamation et les gestes du narrateur et de l'orateur.

4. L'*invention* consiste à créer un sujet.

5. Le *sujet* doit d'abord occuper la pensée; lorsqu'il est choisi, on en jette le plan et on le développe par la méditation.

6. Pour s'aider dans la méditation du plan, il faut mettre d'abord à profit tout le mécanisme de l'intelligence, c'est-à-dire saisir au vol toutes les *idées* que l'esprit présente à l'*imagination*, les retenir soit de *mémoire* soit par écrit, en former des *pensées*, voir si elles sont de bon *goût*, s'assurer si elles sont d'accord avec les *sentiments* de notre *cœur*, les adopter au moyen du *jugement*, et les classer avec *discernement*.

7. Ensuite il faut recourir aux *lieux communs* de la Rhétorique.

8. On entend par *lieux communs*, nommés aussi *lieux oratoires* ou simplement *lieux*, les sources générales où un auteur puise ses développements.

9. Ils sont *intrinsèques*, quand ils peuvent fournir des idées tirées du fond même du sujet. Tels sont : la *définition*, le *genre*, l'*espèce*, l'*énumération des parties d'une chose*, etc., etc.

10. Ils sont *extrinsèques*, quand ils présentent des idées qui paraissent étrangères aux sujets, mais qui les corroborent puissamment, comme les *semblables*, les *oppositions*, les *citations* et *exemples*, etc.

11. Par exemple, je veux faire la description d'une rose, je dirai d'abord quelle est sa couleur, où elle se plaît, ce sera l'objet d'une courte *définition*; je continuerai en nommant sa famille, ou *son genre* et *son espèce*; je m'animerai en parlant de l'élégance de sa forme, de la fraîcheur, de la grâce, de la beauté de son coloris, de la suavité de son parfum, et je ferai, sans m'en douter, *l'énumération de ses parties*. Tels seront mes lieux intrinsèques. Je la comparerai aux autres roses, pour faire usage des *semblables*; je la placerai à côté du lis, de la violette, etc., pour avoir des *oppositions*; je raconterai quelques anecdotes, et ferai ainsi usage des *exemples*; enfin, pour donner plus de prix à mon éloge, je recourrai aux *citations* des auteurs qui ont parlé de la rose. Voilà mes lieux extrinsèques !

12. La composition ayant deux branches principales, qui sont la narration et le discours, l'invention a des préceptes spéciaux pour chacune.

### QUESTIONNAIRE.

1. En quoi consiste l'art de la composition? — 2. Voilà bien des choses en peu de mots! Distinguez chacune par son terme classique. — 3. N'y a-t-il pas une quatrième partie à ajouter aux trois que vous venez de citer? — 4. En quoi consiste l'invention? — 5. Dites un mot de plus de ce que vous nommez le sujet. — 6. Que faut-il faire pour s'aider dans la méditation du plan? — 7. Que faut-il faire ensuite? — 8. Qu'entend-on par lieux communs? — 9. Quand les lieux sont-ils intrinsèques? — 10. Quand sont-ils extrinsèques? — 11. Tout cela est assez difficile à comprendre. Expliquez-vous par un exemple. — 12. L'invention a-t-elle les mêmes préceptes pour toutes les branches de la composition?

---

## Troisième Leçon.

( Développements, pages 26 à 34. )

### SUITE DE L'INVENTION.

### § I. — *Invention narrative.*

1. Dans la *narration*, on expose un fait, ou vrai ou supposé vrai.

2. Le fait est puisé dans les quatre mondes différents qui constituent ce qu'on appelle la *nature*.

3. Ces quatre mondes sont : 1° *le monde existant*, où puisent le moraliste qui peint la société et l'écrivain qui retrace une scène de la nature ; 2° *le monde historique*, qui est le domaine de l'annaliste ; 3° *le monde idéal*, où vivent les conteurs et les romanciers ; 4° *le monde fabuleux*, qui nous rappelle la mythologie. Ce dernier est aujourd'hui presque abandonné.

4. Le fait doit être complet ; il faut qu'on le voie naître, se passer et s'accomplir.

5. Le fait doit posséder trois qualités : l'*intérêt*, la *vraisemblance*, la *moralité*.

6. Le fait sera *intéressant*, si l'*action*, c'est-à-dire le principal événement du sujet, est *une* et dégagée de tout événement secondaire qui ne serait pas bien lié à l'action principale.

7. Ce n'est pas qu'on ne puisse introduire dans sa narration cette action incidente qu'on appelle *épisode ;* mais l'épisode doit être court, et contribuer à soutenir l'intérêt.

8. Le fait sera *vraisemblable*, c'est-à-dire aura l'apparence de la vérité, si rien n'y semble impossible ; si les caractères des personnages sont bien conservés ; si on les fait agir suivant les lois de la nature et les caprices du cœur humain ; si on

observe avec exactitude les *mœurs de temps, de lieux* et *d'âge*; en un mot, si on copie constamment et fidèlement la nature en ce qu'elle a de beau.

9. Le fait sera *moral*, si on ne met point en scène des personnages vicieux et dépravés, dont les actions rebutent tout lecteur sage et lui inspirent du dégoût.

10. L'invention narrative, outre les qualités dont je viens de parler, exige encore un choix bien fait des meilleures pensées d'un sujet. Il faut élaguer sans pitié tout ce qui est frivole, trivial ou subtil.

## QUESTIONNAIRE.

1. Que fait-on dans la narration? — 2. Où est puisé le fait? — 3. Quels sont ces mondes? — 4. Le fait doit-il être complet? — 5. Combien de qualités doit posséder le fait? — 6. Quand le fait sera-t-il intéressant? — 7. Il faut donc rejeter toute action incidente? — 8. Quand le fait sera-t-il vraisemblable? — 9. Quand le fait sera-t-il moral? — 10. L'invention narrative n'exige-t-elle rien de plus?

# Quatrième Leçon.

(Développements, pages 35 à 43.)

## SUITE DE L'INVENTION.

### § II. — *Invention oratoire.*

1. Dans un discours on a rarement à s'occuper de son sujet ; les circonstances et les événements le fournissent.

2. Le travail de l'invention oratoire consiste à trouver les moyens de persuader, c'est-à-dire, d'*instruire*, de *plaire* et de *toucher*.

3. On instruit par le raisonnement en fournissant des *preuves ;* on plaît en se conciliant les esprits au moyen des *mœurs ;* on touche en remuant les cœurs, en excitant *les passions*.

#### I. Preuves.

4. Il y a deux sortes de preuves. Les unes sont *intrinsèques*, lorsqu'on les tire du fond même du sujet ; les autres sont *extrinsèques*, quand on les cherche hors du sujet.

5. Pour trouver ses preuves, on peut

recourir aux lieux oratoires dont j'ai déjà parlé ; mais les meilleures sont celles que fournissent, et la méditation approfondie d'une cause, et la lecture des bons auteurs qui ont écrit sur le même sujet.

## 2. Mœurs.

6. On entend par *mœurs oratoires* la *probité*, la *modestie*, la *bienveillance*, la *prudence*, les *bienséances* et les *précautions*.

7. La *probité oratoire* est la droiture d'esprit et de cœur considérée dans l'orateur. Il faut que l'auditeur soit persuadé que l'orateur est incapable de tromper.

8. La *modestie oratoire* est la réserve avec laquelle un orateur parle de sa personne.

9. La *bienveillance oratoire* est l'affection que témoigne l'orateur à ses auditeurs.

10. La *prudence oratoire* est la vertu par laquelle un orateur inspire toute confiance à son auditoire, qui ne craint point de s'égarer en suivant les conseils qu'on lui donne.

11. Les *bienséances oratoires* consistent dans l'art de ne rien dire qui ne soit convenable et à propos. Elles regardent l'orateur, l'auditeur, les tiers, le temps, les circonstances et le lieu.

12. Les *précautions oratoires* sont les

ménagements adroits que prend l'orateur pour ne pas blesser la susceptibilité de ceux qui l'écoutent.

### 3. Passions.

13. On appelle *passions* les deux sentiments du cœur auxquels peuvent se rapporter tous les autres, c'est-à-dire l'*amour* et la *haine*, et on donne le nom de *pathétique* à l'art d'exciter les passions.

14. Pour employer le pathétique avec succès, il faut être doué d'une imagination vive, d'une sensibilité exquise, et d'un grand discernement.

15. Le pathétique doit être exprimé en style simple, être préparé ; il ne faut point l'interrompre ni trop le prolonger.

### QUESTIONNAIRE.

1. S'occupe-t-on souvent de son sujet dans un discours? — 2. En quoi consiste le travail de l'invention oratoire? — 3. Comment parvient-on à plaire, à instruire, à toucher? — 4. Combien y a-t-il de sortes de preuves? — 5. Où faut-il chercher ses preuves? — 6. Qu'entend-on par mœurs oratoires?— 7. Qu'est-ce que la probité? — 8. Qu'est-ce que la modestie? — 9. Qu'est-ce que la bienveillance? — 10. Qu'est-ce que la prudence? — 11. En quoi consistent les bienséances? — 12. Qu'est-ce que les précautions oratoires? — 13. Qu'appelle-t-on passions et pathétique? — 14. Quelles qualités sont nécessaires à celui qui veut employer le pathétique avec succès? — 15. Comment faut-il traiter le pathétique?

## Cinquième Leçon.

( Développements, pages 44 à 52. )

### CHAPITRE II. — DISPOSITION.

1. La disposition est la seconde partie de la composition. C'est l'arrangement des pensées fournies par le sujet.

2. Trois qualités générales sont requises dans la disposition : 1° l'*ordre*, — 2° la *gradation*, — 3° l'*harmonie*.

3. L'ordre consiste à séparer les matériaux de l'invention en autant de parts qu'il y a de natures de pensées.

4. La gradation est l'arrangement des pensées déjà coordonnées, tantôt en commençant par les plus faibles et en finissant par les plus fortes, tantôt en suivant l'ordre contraire. Ces deux dispositions inverses sont nommées, la première, *gradation ascendante*, et la seconde, *gradation descendante*.

5. Le mérite de la gradation consiste en ce que le discours ou l'action suit une marche *toujours* ascendante ou *toujours* descendante.

6. L'harmonie est cet accord exact des

parties par lequel elles forment un tout parfait.

7. Les autres préceptes de disposition ne sont pas les mêmes pour la narration que pour le discours.

### § I. — *Disposition narrative.*

8. La disposition d'une narration veut que le fait ait une *exposition*, un *nœud* et un *dénouement*.

9. On entend par l'*exposition* cette partie de la narration qui a pour but de préparer l'esprit au fait qu'on va raconter. Elle détermine le lieu de la scène, fait connaître les personnages, et explique tout ce qui est nécessaire à la clarté du récit. Elle sera simple et claire, et devra sortir du sujet comme une fleur de sa tige.

10. Le *nœud* est la partie de la narration où l'on voit les personnages à l'œuvre. Il doit aller en se serrant afin d'augmenter l'intérêt.

11. Le *dénouement* est le point où se tranche le nœud, où l'action finit. Il faut y préparer l'esprit, sans toutefois l'annoncer, et savoir s'arrêter à temps. Il faut de plus qu'il soit conforme au ton de l'exposition et du nœud.

12. Je prends pour exemple d'une dis-

position narrative la seconde des fables de Lafontaine :

> Maître corbeau, sur un arbre perché,
> Tenait en son bec un fromage;
> Maître renard, par l'odeur alléché,
> Lui tint à peu près ce langage :

Voilà l'exposition ! Le lieu de la scène est choisi, les personnages sont en présence. Le nœud va commencer.

> Eh ! bonjour, monsieur du corbeau,
> Que vous êtes joli ! que vous me semblez beau !
> En vérité, si votre ramage
> Se rapporte à votre plumage,
> Vous êtes le phénix des oiseaux de ces bois.
> A ces mots le corbeau ne se sent pas de joie,
> Et pour montrer sa belle voix,
> Il ouvre un large bec, laisse tomber sa proie.

Ces deux derniers vers préparent le dénouement, qui consiste en ces seuls mots :

> Le renard s'en saisit...

13. Les vers qui viennent ensuite ne contiennent que la morale de la fable.

> Et dit : Mon beau monsieur,
> Apprenez que tout flatteur
> Vit aux dépens de celui qui l'écoute.
> Cette leçon vaut bien un fromage sans doute.

Et quant aux deux derniers vers :

> Le corbeau honteux et confus
> Jura, mais un peu tard, qu'on ne l'y prendrait plus.

on peut dire qu'ils sont inutiles au dénouement. C'est une de ces longueurs que les critiques reprochent à Lafontaine.

14. La disposition narrative, telle que je viens de l'exposer, se trouve dans toutes les narrations. Il n'y a pas d'exception.

### QUESTIONNAIRE.

1. Qu'est-ce que la disposition? — 2. Combien y a-t-il de qualités requises dans la disposition? — 3. En quoi consiste l'ordre? — 4. Qu'est-ce que la gradation? — 5. En quoi consiste le mérite de la gradation? — 6. Qu'est-ce que l'harmonie? — 7. Les autres préceptes de disposition sont-ils les mêmes pour les deux grandes branches de la composition? — 8. Que veut la disposition d'une narration? — 9. Qu'entend-on par exposition? — 10. Qu'est-ce que le nœud? — 11. Qu'est-ce que le dénouement, et qu'exige-t-il? — 12. Donnez-nous un exemple de disposition narrative. — 13. Mais vous n'achevez pas la fable, il y a encore quelques vers. — 14. Cette disposition se retrouve-t-elle sans exception dans toutes les narrations?

---

## Sixième Leçon.

( Développements, pages 52 à 62. )

### SUITE DE LA DISPOSITION.

### § II. — *Disposition oratoire.*

1. L'objet de la disposition oratoire est l'arrangement des moyens fournis par la méditation du plan.

2. Les règles de la disposition oratoire concernent : l'*exorde*, la *proposition*, la *narration oratoire*, la *confirmation*, la *réfutation* et la *péroraison*.

3. *L'exorde* est le commencement du discours. Il sert à préparer l'auditoire, à captiver son attention et sa bienveillance, et donne une idée générale du sujet.

4. On doit dans l'exorde faire usage des mœurs et des bienséances oratoires.

5. L'exorde doit être tiré du fond même du sujet, à moins qu'une circonstance locale n'offre à l'orateur l'occasion d'entrer plus convenablement en matière.

6. Il y a quatre espèces d'exorde que l'orateur emploie suivant les circonstances : 1° l'*exorde simple*, quand l'auditoire est favorablement disposé; 2° l'*exorde insinuant*, quand l'orateur a des préventions à combattre; 3° l'*exorde véhément*, quand il convient de se mettre de suite au niveau des passions des auditeurs; 4° l'*exorde pompeux*, quand la circonstance est solennelle.

7. La *proposition* énonce la vérité qu'on veut prouver. S'il y a plusieurs points ou aspects dans cette vérité, l'orateur fait une *division* et quelquefois une *subdivision*.

8. La *narration oratoire* est l'exposé des faits nécessaires à l'intelligence du

discours. Elle n'est d'usage que dans le plaidoyer, l'oraison funèbre et le panégyrique.

9. Après l'exorde et la proposition, ainsi qu'après la narration (si toutefois il y en a une dans le discours), vient la *confirmation*, dont l'objet est de présenter les preuves de la vérité qu'on a énoncée. On arrange ces preuves dans l'ordre le plus propre à frapper les esprits. L'art de bien présenter les preuves est nommé *amplification oratoire*.

10. Il ne faut pas dans la confirmation prouver ce qui est clair, épuiser une preuve suffisamment saisie par l'auditeur, ni relever des détails futiles et surabondants.

11. Après avoir exposé ses preuves, il faut détruire celles de ses adversaires. C'est l'office de la *réfutation*.

12. Il ne faut réfuter que ce qui est digne de réfutation, et abandonner le reste à la justice de l'auditoire ; mais, en revanche, il faut présenter dans toute sa force l'objection qu'on veut réfuter.

13. La *péroraison* est la dernière partie du discours. C'est une récapitulation dans laquelle l'orateur résume ses moyens.

14. C'est surtout dans la péroraison qu'on fait usage du pathétique. Il ne suffit pas toujours de convaincre les esprits, il

faut toucher les cœurs, et l'on n'y parvient qu'en remuant fortement les passions.

### QUESTIONNAIRE.

1. Quel est l'objet de la disposition oratoire? — 2. Nommez les parties du discours que concerne la disposition oratoire. — 3. Qu'est-ce que l'exorde, et quel est son but? — 4. N'avez-vous point d'autres remarques à faire sur l'exorde? — 5. Continuez. — 6. Combien y a-t-il d'espèces d'exorde? — 7. Qu'énonce la proposition? — 8. Qu'est-ce que la narration oratoire? — 9. Quelle est la partie du discours qui vient ensuite? — 10. La confirmation n'exige-t-elle aucune remarque? — 11. Que faut-il faire après la confirmation? — 12. Faut-il tout réfuter? — 13. Qu'est-ce que la péroraison? — 14. Faites une remarque essentielle sur la péroraison.

---

## Septième Leçon.

(Développements, pages 62 à 72.)

### CHAPITRE III. — ÉLOCUTION OU STYLE.

1. L'élocution, grammaticalement parlant, est l'énonciation de la pensée par la parole.

2. Cette définition n'est exacte que pour l'orateur; pour l'écrivain, l'élocution, c'est le style.

3. En rhétorique, l'élocution est la partie de la composition qui s'occupe du

choix et de l'arrangement des mots. Ainsi considérée, elle embrasse le travail de l'orateur et de l'écrivain.

4. On distinguait autrefois trois sortes de style : le style simple, le style tempéré et le style sublime. Cette division n'est point juste aujourd'hui ; car il y a autant de styles que d'écrivains au monde.

5. Le style a trois qualités principales, qui sont : la *clarté*, la *correction* et l'*ornement*.

### § I. — *Clarté*.

6. La *clarté* est cette qualité du style qui fait que l'on est compris avec facilité. Pour être *clair*, il faut posséder à fond la *perception intellectuelle*, la *perspicacité*, le *naturel*, la *facilité*, la *propriété des termes*, la *simplicité*, la *justesse*, la *précision* et la *concision*.

7. Par la *perception intellectuelle*, on voit sans nuages dans son esprit l'idée qu'on veut exprimer ; et par la *perspicacité*, on démêle tout ce qui paraîtrait obscur dans cette idée.

8. Par le *naturel*, on exprime l'idée sans efforts, et par la *facilité*, on voile les efforts du travail.

9. Par la *propriété des termes*, on rend l'idée par le seul terme qui lui convienne, et par la *simplicité*, on écarte toute expression prétentieuse ou affectée.

10. Par la *justesse*, on émet des pensées d'une vérité frappante, et que personne ne peut contester.

11. Par la *précision*, on exprime son idée sans rien dire de superflu, et par la *concision*, on rend cette idée par un très-petit nombre de mots, qui font entendre plus qu'on ne dit.

**QUESTIONNAIRE.**

1. Qu'est-ce que l'élocution en général? — 2. Cette définition est-elle bien exacte? — 3. Donnez-nous donc une définition plus conforme au sujet qui nous occupe. — 4. Combien distinguait-on autrefois de genres de style? — 5. Combien de qualités le style possède-t-il? — 6. Qu'est-ce que la clarté, et quelles qualités faut-il avoir pour être clair? — 7. Quels sont les effets de la perception intellectuelle et de la perspicacité? — 8. Et ceux du naturel et de la facilité? — 9. Et ceux de la propriété des termes et de la simplicité? — 10. Et ceux de la justesse? — 11. Enfin quels sont les effets de la précision et de la concision?

---

## Huitième Leçon.

( Développements, pages 73 à 78. )

### ÉLOCUTION. — SUITE DE LA CLARTÉ.

### *Défauts à éviter.*

1. Il ne suffit pas, pour être clair, de posséder les qualités constitutives de la

clarté, il faut encore avoir le soin d'épargner au lecteur ou à l'auditeur tout travail d'esprit, et s'efforcer, pour cela, de bannir de son style toute cause d'obscurité.

2. Il faut d'abord éviter le *galimatias*; il se produit quand la perception intellectuelle n'a pas été parfaite, comme dans cette phrase : *La naïveté est une grande ressemblance de l'imitation avec la chose; c'est de l'eau prise dans le ruisseau et jetée sur la toile.*

3. On est encore obscur quand on emploie des termes *impropres*, des mots *vieillis*, quand on *porte trop loin la concision*, quand on fait des *phrases trop longues*, quand on *embarrasse ses constructions* par l'emploi de certains pronoms souvent répétés. Tout cela peut donner matière à réflexion, à équivoques. De là naît l'obscurité.

4. Si le style est *lâche* et *diffus*, l'obscurité est inévitable. Il convient de ne point délayer ses pensées.

5. Enfin, il faut fuir l'*affectation*, en n'allant pas chercher des idées étrangères au sujet, et en rejetant sans pitié toutes les tournures prétentieuses, auxquelles on a donné le nom de *précieux ridicule*. Telle est cette phrase : *Permettez-moi d'insérer l'extrémité de mes ba-*

*guettes manuelles dans les concavités poudreuses de votre bureau tabacal, et d'en extraire cette poudre nasicale qui fait titiller les fibres de mon cerveau marécageux.* Ne dirait-on pas mieux : *Veuillez me permettre de prendre une prise ?*

6. On appelle *pathos* l'affectation de la chaleur dans le style ; *phébus*, des ornements brillants qui semblent signifier quelque chose sans rien signifier du tout ; *marivaudage*, du nom de Marivaux, qui l'a créé, un style fatigant par ses mots recherchés.

## QUESTIONNAIRE.

1. Les qualités constitutives de la clarté suffisent-elles toujours pour être clair, et ne faut-il pas prendre garde à certains défauts ? — 2. Mais comment parvenir à bannir du style toute cause d'obscurité ? — 3. N'est-on pas obscur encore en d'autres cas ? — 4. Que pensez-vous d'un style lâche et diffus ? — 5. Que faut-il fuir enfin ? — 6. J'ai souvent entendu dire, au sujet du style de quelques auteurs : c'est du *pathos*, c'est du *phébus*, c'est du *marivaudage*. Que signifient ces expressions ?

## Neuvième Leçon.

(Développements, pages 78 à 86.)

### SUITE DE L'ÉLOCUTION.

### § II. — *De la correction du style.*

1. La correction du style est un devoir plutôt qu'une qualité dans un écrivain. Avant de composer, il faut avoir fait un bon cours de grammaire.

2. Pour être correct, il faut savoir couper les phrases, arranger les périodes, choisir les synonymes. C'est par là qu'on arrive à la pureté du style.

3. La phrase est l'assemblage régulier des mots par lesquels on exprime sa pensée.

4. La phrase est simple ou composée. Elle est simple, quand elle exprime une idée absolue, qui, pour être claire, n'a pas besoin d'accessoire ; par exemple : *Dieu est éternel.*

5. La phrase est composée, quand elle a deux parties distinctes, l'une principale, l'autre incidente. Celle-ci modifie en ce cas la phrase principale. Ex. : *La gloire qui vient de la vertu a un éclat im-*

*mortel.* Dans cette phrase, ce n'est pas la gloire en général qui a un éclat immortel, mais seulement la gloire qui vient de la vertu. En ce cas, la phrase incidente prend le nom d'*incidente déterminative*, parce qu'elle détermine le genre de gloire qui a un éclat immortel.

6. La phrase incidente prend le nom d'*incidente explicative*, lorsqu'elle ne sert qu'à expliquer une phrase qui, sans son secours, conserverait néanmoins un sens vrai : *Les savants, qui sont plus instruits que le commun des hommes, devraient aussi les surpasser en sagesse.* En supprimant l'incidente explicative, j'aurais encore une proposition juste.

7. La période est une phrase composée de plusieurs membres, dont la réunion forme un sens complet et un ensemble harmonieux.

8. Tous les membres d'une période doivent se rapporter à une seule et même idée; ils doivent être d'une longueur à peu près égale, et la fin ou *la chute* de la période doit être soignée et harmonieuse.

9. Quand on introduit dans un membre de la période une incidence qui concourt au développement de l'idée générale, cette incidence prend le nom d'*incise*; l'incise toutefois fait partie du membre qu'elle accompagne.

10. La période est carrée, quand elle a quatre membres égaux ; elle est ronde, quand il est difficile d'en séparer les membres ; elle est croisée, quand les membres forment opposition d'idées.

11. Exemples de périodes :

### PÉRIODE CARRÉE.

1er membre avec une incise : *Celui qui règne dans les cieux et de qui relèvent tous les empires,*

2me membre avec deux incises : *à qui seul appartient la gloire, la majesté, l'indépendance,*

3me membre sans incise : *est aussi le seul qui se glorifie de faire la loi aux rois,*

4me membre avec une incise : *et de leur donner, quand il lui plait, de grandes et terribles leçons.*

### PÉRIODE CROISÉE A CINQ MEMBRES.

1er : Soit qu'il élève les trônes,

2me : soit qu'il les abaisse,

3me : soit qu'il communique sa puissance aux princes,

4me : soit qu'il la retire à lui-même,

*Incise :* et ne leur laisse que leur propre faiblesse,

5me : il leur apprend leurs devoirs d'une manière souveraine et digne de lui.

12. Le choix des synonymes contribue beaucoup à la correction du style; mais il faut que ce choix soit heureux, car il n'y a pas de synonymes parfaits. L'on doit se servir du mot qui, par son sens précis, se rapproche le plus de l'idée qu'on exprime.

13. La pureté du style est une qualité rare même parmi les bons auteurs. C'est elle qui préside à l'arrangement des phrases et des périodes. C'est l'excellence de la correction. On est correct quand on écrit bien, on est pur quand on écrit très-bien. La correction est la pureté du langage, la pureté est le génie de la langue.

*Défauts opposés à la correction.*

14. La correction a quatre ennemis : le *purisme*, le *barbarisme*, le *néologisme*, le *solécisme*.

15. On est puriste, quand on affecte une extrême pureté de langage : il faut y prendre garde, le style doit être tel que les gens éclairés l'approuvent et que les ignorants l'entendent. Le purisme commence où finit la correction.

16. On fait un barbarisme, quand on se sert de mots forgés, qui n'ont pas une acception reconnue, ou de tournures tirées des langues étrangères. On fait un néologisme, lorsqu'on se sert de termes nouveaux, ou lorsqu'on détourne un mot de sa signification ordinaire. Enfin, il y a solécisme, lorsqu'on fait une faute contre la syntaxe.

## QUESTIONNAIRE.

1. Qu'avez-vous à nous faire remarquer à propos de la correction du style? — 2. Que faut-il savoir faire pour être correct? — 3. Qu'est-ce que la phrase? — 4. Y a-t-il plusieurs espèces de phrases? — 5. Quand la phrase est-elle composée? — 6. La phrase incidente prend-elle quelquefois un autre nom? — 7. Qu'est-ce qu'une période? — 8. Quelles sont les règles de la période? — 9. Les membres d'une période peuvent-ils contenir des incidences? — 10. Enumérez les diverses espèces de périodes. — 11. Donnez-nous un exemple d'une période carrée et d'une période croisée. — 12. Le choix des synonymes contribue-t-il à la correction du style? — 13. La pureté du style est-elle bien commune? N'est-ce pas la même chose que la correction? — 14. Quels sont les ennemis de la correction du style? — 15. Dites-nous en quelle occasion on est puriste. — 16. Dites-nous aussi un mot du barbarisme, du néologisme et du solécisme.

## Dixième Leçon.

( Développements ; pages 86 à 98. )

### SUITE DE L'ÉLOCUTION.

### § III. — *Ornements.*

1. Les ornements du style se montrent sous trois formes distinctes, qui sont : 1° les figures, 2° les splendeurs, 3° les secrets.

#### SECTION I^re^. — FIGURES.

2. Les figures sont des tours particuliers donnés aux mots et aux pensées. Elles sont très-fréquentes dans le langage et le style ; mais, pour être bonnes, elles doivent être l'effet du sentiment et des mouvements naturels.

3. Les figures existent dans les mots et dans les pensées. Dans le premier cas, le mot seul forme la figure ; dans le second, la figure est indépendante de l'expression.

4. Les figures de mots sont aussi de deux sortes. Elles sont purement grammaticales, lorsque le mot conserve son acception propre, et elles prennent le

nom de *tropes*, quand le mot est pris dans une acception détournée, au figuré.

### I. FIGURES GRAMMATICALES.

5. Il y a neuf figures grammaticales, qui sont : l'*ellipse*, le *pléonasme*, la *syllepse*, l'*hyperbate*, la *conjonction*, la *répétition*, la *disjonction*, l'*apposition* et l'*onomatopée*.

6. L'ELLIPSE, d'un mot grec qui signifie *omission*, est une figure par laquelle on supprime un ou plusieurs mots dans une phrase, pour augmenter la précision sans nuire à la clarté. Ex. : *Dieu est bon, l'homme méchant.* Il y a ellipse du mot *est* entre *l'homme* et *méchant.*

7. L'ellipse donne au style un tour plus concis ; mais il faudrait la rejeter, si de son emploi naissait quelque obscurité dans le style.

Le PLÉONASME (plein d'abondance) est une figure qui consiste à se servir de mots inutiles pour le sens, mais qui peuvent donner à l'expression plus de force et de grâce. Ex. : *Je l'ai vu de mes yeux.*

9. Le pléonasme est vicieux quand il n'ajoute rien à l'idée principale.

10. La SYLLEPSE, qu'on nomme aussi *compréhension*, *synthèse*, est une figure par laquelle on fait accorder un mot avec celui auquel il correspond dans la pen-

sée, et non avec celui auquel il se rapporte dans la phrase.

11. On distingue trois espèces de syllepse : 1° *Syllepse du genre;* c'est celle où les mots correspondants ne sont pas du même genre. Ex. : *Noble* enfant! *vous n'êtes point* tombée *en de barbares mains.* 2° *Syllepse du nombre;* c'est celle où les mots ne sont pas en rapport de nombre. Ex. : *Entre* le pauvre *et vous, vous prendrez Dieu pour juge; comme* eux, *vous fûtes pauvre.* 3° *Syllepse de la personne;* c'est celle où les mots correspondants ne sont pas à la même personne. Ex. : Soyons *en tous les lieux digne de* ma *naissance.*

12. L'HYPERBATE est une figure par laquelle on renverse l'ordre naturel des mots. Ex. : *Dieu peut bien* des méchants *arrêter* les complots.

13. La CONJONCTION consiste à répéter la même conjonction qui lie tous les membres d'une phrase, toutes les incises d'une période. Ex. : *Le savant pense* et *lit*, et *médite*, et *copie.*

14. La RÉPÉTITION est une figure par laquelle on répète les mots ou les tours de phrase, pour rendre une idée plus énergiquement. Ex. :

*Celui dont* l'âme immense est partout répandue,
*Celui dont* un seul pas mesure l'étendue,
*Celui dont* le soleil emprunte sa splendeur.

15. La DISJONCTION supprime les particules conjonctives et les transitions servant au dialogue, comme *dit-il, reprit-il*, etc.

16. L'APPOSITION consiste à mettre ensemble sans conjonction deux noms dont l'un est un nom propre et l'autre un nom commun, en sorte que ce dernier sert de qualificatif, ou bien à unir deux substantifs dont l'un est employé comme adjectif. Ex. : Titus, *délices du genre humain ;* l'univers, *planète des crimes.*

17. L'ONOMATOPÉE est l'imitation des sons. On a recours à cette figure quand la langue ne fournit pas un terme propre. C'est ainsi qu'on dit le *glou-glou* de la bouteille, le *cri-cri* du grillon. L'onomatopée n'est pas une figure, à proprement parler ; c'est l'écho de la nature. Il ne faut y recourir que dans de rares occasions.

## QUESTIONNAIRE.

1. Sous combien de formes se montrent les ornements du style? — 2. Qu'est-ce que les figures? — 3. Les figures existent-elles dans les mots ou dans les pensées? — 4. N'y a-t-il pas aussi deux sortes de figures de mots? — 5. Combien y a-t-il de figures grammaticales? Nommez-les. — 6. Qu'est-ce que l'ellipse? — 7. Quel est l'effet de l'ellipse? — 8. Qu'est-ce que le pléonasme? — 9. Quand le pléonasme est-il vicieux? — 10. Qu'est-ce que la syllepse? — 11. Combien distingue-t-on d'espèces de syllepse? — 12. Qu'est-ce que l'hyperbate? — 13. La conjonction? — 14. La répétition? — 15. La disjonction? — 16. L'apposition? — 17. L'onomatopée?

## Onzième Leçon.

(Développements, pages 99 à 109.)

### ÉLOCUTION. — SUITE DES ORNEMENTS. — FIGURES.

#### II. TROPES.

1. Le mot *trope* signifie *tournure;* le trope, en effet, *tourne* un mot, change son sens naturel pour l'appliquer à une idée nouvelle.

2. On compte seize tropes, ou tournures différentes, qui sont : 1° la Métaphore, 2° la Métonymie, 3° la Synecdoque, 4° la Catachrèse, 5° l'Allégorie, 6° l'Antonomase, 7° la Métalepse, 8° l'Hyperbole, 9° la Litote, 10° l'Hypotypose, 11° l'Ironie, 12° l'Euphémisme, 13° la Périphrase, 14° l'Allusion, 15° la Communication, 16° l'Hypallage.

3. La MÉTAPHORE est une figure qui change la signification d'un mot, à la suite d'une comparaison qui se fait dans l'esprit. Par exemple, si, en parlant d'une jeune fille qui répète tout ce qu'elle entend, je dis : *C'est un perroquet,* j'ai comparé dans mon esprit le langage de cet oiseau avec les habitudes de la jeune

fille, et j'ai fait une métaphore. La même comparaison naît dans l'esprit des personnes qui m'écoutent lorsqu'elles étudient le sens de mes paroles.

4. La métaphore réunit deux idées dans un même mot, et ces idées sont rendues plus frappantes par la comparaison. On est obligé d'y recourir lorsqu'on veut faire passer une idée de l'ordre moral dans l'ordre physique. On donne alors un corps, *une figure*, à une idée vague. Si je dis : *Éléonore est courageuse*, je conserve aux mots leur sens propre, je ne sors point de l'ordre moral, je parle *sans figure*. Mais si je m'écrie avec admiration : *Éléonore ! c'est une lionne*, je donne une figure au courage d'Éléonore ; tous ceux qui m'entendent comparent Eléonore au plus courageux des animaux ; l'ordre physique intervient, et mon expression est beaucoup plus frappante.

5. Il suit de là que la métaphore, pour être bonne, doit toujours être plus expressive que le mot propre. Et c'est une règle applicable à tous les tropes : toutes les fois qu'ils chassent le terme simple, ils sont obligés de valoir mieux.

6. La métaphore est encore une figure qui personnifie les passions, comme dans ce vers de Boileau :

Le chagrin *monte en croupe* et *galope* avec lui.

Elle prête aussi du sentiment aux choses inanimées :

> Le flot qui l'apporta recule *épouvanté*.

7. La MÉTONYMIE est un trope qui consiste à mettre un mot à la place d'un autre. *Métonymie* signifie en effet, suivant son étymologie grecque, *changement de nom*.

8. Il y a métonymie : 1° quand on prend la cause pour l'effet. Ex. : *J'ai lu Chateaubriand*. 2° Quand on prend l'effet pour la cause. Ex. : *La mort est dans ses mains*. Dans cet exemple, *la mort*, qui est l'effet, est prise pour le poison ou l'arme qui sera la cause de la mort. 3° Quand on prend le contenant pour le contenu. Ex. : *Il avala la coupe funeste*. 4° Quand on prend pour la chose même le nom du lieu où cette chose se fait. Ex. : *Voilà une jolie valencienne*. 5° Quand on désigne par le signe la chose signifiée. Ex. : par *l'épée* la profession militaire. 6° Enfin, quand les parties du corps qui sont regardées comme le siége des sentiments se prennent pour les sentiments eux-mêmes. Ex. : *le cœur* pour le courage.

9. La SYNECDOQUE OU SYNECDOCHE est un trope qui fait concevoir à l'esprit plus ou moins que le mot dont on se sert ne signifie dans le sens propre.

10. Il y a sept espèces de synecdoque : 1° *du genre pour l'espèce : la créature* pour l'homme ; 2° *de l'espèce pour le genre : l'homme* pour l'homme et la femme ; 3° *du nombre : l'Européen* pour les Européens ; 4° *du tout pour la partie : mon castor* pour mon chapeau fait de poil de castor ; 5° *de la partie pour le tout : cent voiles* pour cent vaisseaux, *la Seine* pour la France ; 6° *de la matière : le fer* pour l'épée ; 7° *d'abstraction : la jeunesse* pour les jeunes gens.

11. Pour distinguer la synecdoque de la métonymie, avec laquelle on la confond souvent, il faut remarquer que la métonymie prend simplement un nom pour un autre, tandis que la synecdoque ajoute à ce changement une augmentation ou une diminution, toujours en prenant *le moins* pour *le plus* ou *le plus* pour *le moins*.

12. Il ne faut se servir que de synecdoques adoptées dans le langage, et ne pas en créer à volonté. On ne serait point compris en disant *cent estomacs* pour cent hommes.

**QUESTIONNAIRE.**

1. Que signifie le mot trope ? — 2. Combien y a-t-il de tropes ? Nommez-les. — 3. Qu'est-ce que la métaphore ? — 4. Donnez-nous quelques détails de plus. — 5. Que suit-il de là ? — 6. La métaphore n'a-t-elle pas encore un autre objet ? — 7. Qu'est-ce que la métonymie ?

— 8. Dans quel cas y a-t-il métonymie ? — 9. Qu'est-ce que la synecdoque ? — 10. Combien y a-t-il d'espèces de synecdoques ? — 11. Les exemples de synecdoque que vous venez de citer se rapprochent beaucoup de la métonymie. Comment parvenir à distinguer ces deux figures ? — 12. Quelles précautions faut-il prendre dans l'emploi de la synecdoque ?

---

## Douzième Leçon.

( Développements, pages 110 à 120. )

### ÉLOCUTION. — SUITE DES ORNEMENTS. — FIGURES.

### *Suite des Tropes.*

1. La CATACHRÈSE est un trope qui consiste en un assemblage de mots qui semblent disparates, et qui sont cependant les seuls avec lesquels on puisse se faire entendre clairement. Lorsqu'on l'emploie, on fait abus d'un mot, on étend son sens, ou l'on imite l'objet auquel ce mot est emprunté. Ex. : *Aller à cheval sur un bâton ; une feuille de papier.* Dans le premier de ces exemples, il y a *catachrèse par abus ;* dans le second, il y a *catachrèse par extension ou par imitation.*

2. Dans la catachrèse par extension ou imitation, il y a, comme dans la méta-

phore, une sorte de comparaison. Toutefois, il ne faut pas confondre ces deux figures. La métaphore unit le plus souvent, dans ses termes de comparaison, l'ordre physique à l'ordre moral, et, lorsque ces termes sont renfermés dans l'ordre physique seul, il y a toujours comparaison saillante et figure hardie; la catachrèse, au contraire, ne sort pas de l'ordre physique, et n'est que l'imitation d'un autre objet.

3. Prenons pour exemples les mots *un ruisseau de sang, un bras de rivière*. Sont-ce des métaphores ou des catachrèses? La force seule des expressions devrait nous l'indiquer. Quoique les rapports de comparaison soient tirés dans les deux cas de l'ordre physique, on voit clairement que dans les mots *ruisseau de sang* il y a comparaison énergique entre les ruisseaux proprement dits et le cours d'un sang abondamment répandu, tandis que dans *bras de rivière* il n'y a qu'une imitation imparfaite, abusive même, des bras de l'homme. *Un ruisseau de sang* est donc une métaphore, et *un bras de rivière* n'est qu'une simple catachrèse.

4. L'ALLÉGORIE consiste à présenter un objet à l'esprit de manière à lui en désigner un autre. Cette phrase : *Constance coupe les ailes et brise la faux du Temps*,

est une allégorie qui signifie qu'avec de la constance une jeune personne peut venir à bout de ses travaux, malgré la rapidité du temps.

5. L'allégorie n'est qu'une métaphore prolongée. Réduite à une phrase ou deux, c'est un trope; mais soutenue pendant quelque temps, elle devient un genre de composition qui peut donner lieu à un ouvrage de longue haleine. Tel est le *Voyage sur la mer du monde* (bibliothèque de Lille).

6. L'ANTONOMASE est un trope par lequel on substitue tantôt un nom commun à un nom propre : ex. : *l'Apôtre* pour saint Paul; tantôt un nom propre à un nom commun : ex. : *un Benjamin* pour un enfant chéri.

7. La MÉTALEPSE est un trope par lequel on prend l'antécédent pour le conséquent : ex. : *il a vécu* pour *il est mort;* ou bien le conséquent pour l'antécédent : ex. : *nous le pleurons* pour *il est mort; à la première hirondelle* pour *aux premiers jours du printemps.*

8. L'HYPERBOLE consiste à exagérer les choses, soit en les augmentant : ex. : *un million de fois* pour *très-souvent;* soit en les diminuant : ex. : *cette plume est fine comme une patte de mouche.*

9. La LITOTE est une figure qui paraît

affaiblir par l'expression ce qu'on veut laisser entendre dans toute sa force. *Adèle n'est pas sotte* signifie qu'Adèle a beaucoup d'esprit.

10. L'HYPOTYPOSE est le trope qui met au présent ce qui devrait être au passé. C'est une figure extrêmement commune dans la conversation et le style. Ex. : *L'autre jour, je rencontrai Virginie tout en pleurs. Je m'*APPROCHE, *je lui* PRENDS *les mains, je la* CONSOLE, *etc.*, au lieu de *Je m'approchai, je lui pris les mains, je la consolai, etc.* Quelquefois l'hypotypose rend présente une action future. Ex. : *C'en est fait, dans huit jours je* PARS *pour l'Amérique.*

11. L'IRONIE consiste à dire le contraire de ce qu'on veut faire entendre. C'est la figure qui sert à railler, et son emploi est très-fréquent. Si je veux me plaindre d'une amie qui aura négligé de me rendre un petit service dont je l'avais priée, je lui dirai par ironie : *Vous êtes bien aimable !*

12. L'EUPHÉMISME est une espèce de litote ; elle supprime l'expression qui rend une idée désagréable, pour se servir d'un terme aimable ou poli. Au lieu de congédier un pauvre par les mots durs : *Allez-vous-en, je n'ai rien à vous donner,* je lui dirai par euphémisme : *Dieu vous assiste !*

## QUESTIONNAIRE.

1. Qu'est-ce que la catachrèse? — 2. N'y a-t-il pas comparaison dans la catachrèse par imitation, et ne serait-ce pas une métaphore? — 3. Citez-nous des exemples qui nous fassent comprendre ces observations. — 4. Qu'est-ce que l'allégorie? — 5. N'avez-vous pas une remarque à faire sur l'allégorie? — 6. Qu'est-ce que l'antonomase? — 7. La métalepse? — 8. L'hyperbole? — 9. La litote? — 10. L'hypotypose? — 11. L'ironie? — 12. L'euphémisme?

---

## Treizième Leçon.

( Développements, pages 120 à 127. )

ÉLOCUTION. — SUITE DES ORNEMENTS. — FIGURES.

### *Suite des Tropes.*

1. La PÉRIPHRASE OU CIRCONLOCUTION est une figure par laquelle on substitue à l'expression simple d'une idée une expression plus développée. Elle dit en plusieurs paroles ce qu'on pourrait dire en moins et souvent en un seul mot. Ex. : *la reine des nuits* pour *la lune.*

2. La périphrase n'a lieu que lorsqu'on allonge l'expression d'une idée qui ne rebute en rien l'esprit; car, si elle voile une idée désagréable, ce n'est qu'un euphémisme. Mais on peut s'en servir pour

éclaircir ce qui pourrait être obscur. Dans tous les cas, il ne faut pas y avoir recours sans nécessité. Trop fréquente, elle hérisse le style de petits agréments et le rend prétentieux.

3. L'ALLUSION est une sorte d'allégorie qui, dans une phrase, dans un mot, fait entendre le rapprochement qui peut exister entre deux personnes ou deux choses. Elle unit le présent au temps passé, car il lui faut un point d'appui déjà connu. Une dame française, fuyant sa patrie pendant la Révolution, répondit à quelqu'un qui s'informait du but et des motifs de son voyage : *Je vais en Égypte*. Cette allusion à la fuite en Egypte de la sainte Famille signifiait clairement : *Je fuis mes persécuteurs*.

4. L'allusion, sous peine d'être inintelligible, doit, nous venons de le dire, s'appuyer sur des faits connus de l'auditeur; mais il ne faut jamais l'expliquer : ce serait tomber dans la diffusion et soupçonner le lecteur d'ignorance.

5. La COMMUNICATION DANS LES PAROLES a lieu lorsqu'on prend en partie pour soi ce qu'on dit à un autre, soit qu'il s'agisse de faire un reproche, soit qu'on veuille adresser un éloge.

6. L'HYPALLAGE est une figure qui paraît attribuer à certains mots d'une phrase une signification qui appartient à d'autres

mots de cette même phrase. Ex. : *enfoncer son chapeau dans sa tête*, au lieu de *enfoncer sa tête dans son chapeau*. Il faut être sobre de cette figure, assez commune dans la poésie et dans la langue latine, mais contraire jusqu'à un certain point aux lois de la grammaire.

7. Les noms des figures, la plupart tirés de la langue grecque, sont difficiles à retenir pour les jeunes personnes, et les définitions restent moins bien gravées dans leur mémoire, à cause de ces consonnances étrangères, qui leur semblent barbares. Les vers suivants résument la signification de toutes les figures dont les noms sont tirés du grec :

FIGURES GRAMMATICALES.

L'*Ellipse* ôte les mots sans nuire à la clarté,
Et sème en vos écrits grâce et vivacité ;
Honteux de n'être point cru sur parole, Erasme
Dit : *J'ai vu de mes yeux*, et fait un *pléonasme*.
La *Syllepse* aime mieux le rapport idéal
Que le rapport du terme, et méprise Chapsal.
L'*Hyperbate* à l'esprit présente renversée
La phrase naturelle, et plaît à la pensée.
Le son qu'en se vidant rend un verre à long cou,
Dans l'*Onomatopée* est dépeint par *glou-glou*.

TROPES.

La *Métaphore* veut des formes décidées,
Elle unit et compare ensemble deux idées.
Par la *Métonymie* on peut changer un nom,
Et mettre en son discours *bronze* au lieu de *canon*.
La *Synecdoque* étend ou restreint la parole,
Dit le plus ou le moins sans aucune hyperbole.

La *Catachrèse* imite, étend ou fait abus,
Par elle les mots sont détournés de leurs buts.
L'*Allégorie* habite un palais diaphane,
C'est un corps transparent dont on voit chaque organe.
L'*Antonomase* change un despote en Néron,
Par l'orateur romain elle entend Cicéron.
La *Métalepse* parle à demi, mais découvre
Par un mot le secret d'aller de Rome à Douvre.
L'*Hyperbole* effrontée en mer change un ruisseau,
Ou le vautour cruel en doux et faible oiseau.
La *Litote* craintive agit d'une autre sorte,
Elle affaiblit mais rend l'expression plus forte.
L'*Hypotypose* agit et parle au temps présent,
On pourrait la nommer : trope du mouvement.
Prends ta place en mes vers, ô piquante *Ironie !*
La Grèce est ton berceau, la France est ta patrie.
L'*Euphémisme* modeste est paré de velours
Pour cacher à l'esprit l'âpreté du discours.
Par un circuit adroit la *Périphrase* heureuse
Embellit la pensée ou la rend moins hideuse.
L'*Hypallage* aide un mot à voler son voisin,
Le rhéteur le permet si l'on voit le larcin.

FIGURES ORATOIRES.

La *Prolepse* prévient un subtil adversaire
Qui, demeurant confus, est forcé de se taire.
Par la *Prosopopée* on découvre un tombeau,
Le mort parle, et sa voix rend le discours plus beau.
Dans l'*Antithèse* on fait, en phrases opposées,
Ressortir le mérite et l'éclat des pensées.
L'*Apostrophe* affermit et rend plus véhément
Le langage qu'emploie un rhéteur éloquent.
L'*Epiphonème* fait le sage moraliste,
Et de tous ces mots grecs termine enfin la liste.

## QUESTIONNAIRE.

1. Qu'est-ce que la périphrase? — 2. N'avez-vous rien à remarquer sur l'emploi de cette figure? — 3. Qu'est-ce que l'allusion? — 4. Est-ce tout ce que vous avez à dire de l'allusion? — 5. Qu'est-ce que la *communication dans les paroles?* — 6. Qu'est-ce que l'hypallage? — 7. Faites-nous une remarque sur les noms des figures, et mettez en vers français leurs définitions.

## Quatorzième Leçon.

(Développements, pages 127 à 149.)

### ÉLOCUTION. — SUITE DES ORNEMENTS. — FIGURES.

### III. FIGURES ORATOIRES.

1. Les *figures oratoires*, nommées aussi *figures de pensées*, sont celles qui sont plus particulières à l'orateur. Elles consistent à donner à la phrase une tournure plus propre à l'expression des passions que les tournures simples et naturelles.

2. On compte vingt-six figures oratoires, savoir : 1° l'Expolition, 2° l'Accumulation, 3° l'Interrogation, 4° l'Apostrophe, 5° l'Exclamation, 6° la Communication, 7° la Gradation, 8° la Dubitation, 9° la Prolepse, 10° la Concession, 11° la Permission, 12° la Subjection, 13° l'Épiphonème, 14° la Prétermission, 15° la Réticence, 16° la Correction, 17° la Suspension, 18° la Comparaison, 19° l'Antithèse, 20° la Commination, 21° l'Obsécration, 22° la Déprécation, 23° l'Imprécation, 24° l'Optation, 25° le Serment, 26° la Prosopopée.

3. L'EXPOLITION consiste à répéter plu-

sieurs fois la même chose en termes équivalents, en plusieurs phrases ou périodes, et l'ACCUMULATION à réunir tous les détails d'une chose dans une même période, sous la même forme et dans le même mouvement.

4. L'INTERROGATION est une question qu'on adresse à l'auditeur et au lecteur, et qui ne peut recevoir de réplique défavorable à la cause qu'on défend. Par l'APOSTROPHE, on s'interrompt pour s'adresser à une personne absente ou même à une chose inanimée. Par l'EXCLAMATION, on apostrophe divers objets pour témoigner sa surprise. Ces trois figures s'emploient dans les mêmes circonstances.

5. La COMMUNICATION est une figure par laquelle on semble prendre pour juges ses auditeurs, en les identifiant à sa propre situation. La GRADATION sert à lier ensemble plusieurs idées, soit en augmentant, soit en diminuant leur force.

6. La DUBITATION est employée par l'orateur quand il semble hésiter sur le choix de ses moyens. La PROLEPSE lui sert à prévenir et à résoudre les objections qu'on pourrait lui faire.

7. Par la CONCESSION, l'orateur cède quelques-uns de ses propres moyens, pour tirer parti de cet abandon en faveur d'une cause riche en preuves de toutes sortes.

8. La PERMISSION consiste à tout permettre à l'auditeur; la SUBJECTION, à l'interroger et à lui répliquer aussitôt.

9. L'ÉPIPHONÈME n'est que la sentence ou morale qui termine une composition.

10. La PRÉTERMISSION est une figure par laquelle on semble vouloir passer une chose sous silence, tout en l'énonçant avec force. Elle atteint son plus haut degré de beauté quand, après avoir exposé avec feu les choses qu'on a l'air d'écarter, on peint plus vivement encore celles sur lesquelles on appuye.

11. Par la RÉTICENCE, l'orateur n'ose achever ce qu'il a fait entendre suffisamment; par la CORRECTION, il se reprend pour appuyer plus fortement sur une autre idée; et par la SUSPENSION, il tient l'esprit dans l'attente de ce qu'il va dire, afin de donner plus d'intérêt à ses paroles.

12. Par la COMPARAISON, on rapproche deux idées qui se ressemblent par un ou plusieurs côtés, afin de donner plus de grâce au discours, ou plus de force au raisonnement, ou enfin plus de clarté à l'élocution. Par l'ANTITHÈSE, au contraire, on fait ressortir les différences qui existent entre ces deux idées. Ces figures doivent être employées avec ménagement et à propos.

13. La comparaison doit peindre justement et vivement les objets; il faut de plus qu'elle soit neuve autant que possible. Lorsqu'il n'y a pas similitude exacte, mais seulement rapprochement d'idées qui se fortifient, cette figure prend le nom de *contraste*.

14. L'antithèse peut exister dans les pensées et les mots tout à la fois, ou seulement dans les pensées, ou bien dans les mots. Dans le premier cas, les deux oppositions peuvent exister séparément; dans le second, l'antithèse subsiste malgré le changement des mots; dans le troisième, la figure disparaît si les termes sont changés.

15. La COMMINATION a pour objet d'intimider l'auditeur par la peinture des maux qui l'attendent; l'OBSÉCRATION implore l'assistance d'une puissance supérieure pour obtenir ce que l'on désire; la DÉPRÉCATION souhaite du bien à quelqu'un; l'IMPRÉCATION lui souhaite du mal; enfin, l'OPTATION exprime un désir violent d'obtenir quelque chose.

16. Le SERMENT est une figure qui consiste à ajouter à son affirmation des circonstances extraordinaires qui en établissent la sincérité d'une manière solennelle.

17. La PROSOPOPÉE consiste à faire par-

ler ou agir une personne absente ou morte, ou même une chose inanimée. Il y a donc deux sortes de prosopopée : la prosopopée de langage, et la prosopopée d'action. Cette figure exige une extrême réserve, et appartient presque exclusivement à l'éloquence et à la poésie.

### QUESTIONNAIRE.

1. Dites un mot des figures oratoires. — 2. Combien compte-t-on de figures oratoires ? — 3. Donnez-nous une définition abrégée de toutes ces figures ; je me réserve de vous fournir des exemples. Et d'abord en quoi consistent l'expolition et l'accumulation ? — 4. Précisez l'objet de l'interrogation, de l'apostrophe et de l'exclamation. — 5. Qu'est-ce que la communication et à quoi sert la gradation ? — 6. A quoi servent à l'orateur la dubitation et la prolepse ? — 7. Que fait l'orateur au moyen de la concession ? — 8. En quoi consistent la permission et la subjection ? — 9. Qu'est-ce que l'épiphonème ? — 10. Qu'est-ce que la prétermission ? — 11. Que fait l'orateur par la réticence, la correction et la suspension ? — 12. Que fait-on par la comparaison et l'antithèse. — 13. Faites une remarque sur la comparaison. — 14. Dites aussi quelque chose de plus de l'antithèse ? — 15. Quel est l'objet de la commination, de l'obsécration, de la déprécation, de l'imprécation et de l'optation ? — 16. Qu'est-ce que le serment ? — 17. En quoi consiste la prosopopée ?

# Quinzième Leçon.

(Développements, pages 149 à 162.)

## ÉLOCUTION. — SUITE DES ORNEMENTS.

### SECTION II. — SPLENDEURS DU STYLE.

1. J'entends par *splendeurs du style* certaines formes majestueuses qui peuvent accompagner les figures, mais qui se produisent souvent sans elles. Elles dominent le style comme les grands arbres les arbrisseaux.

2. Les splendeurs du style se réduisent à neuf formes principales, qui sont : 1° le Sublime, 2° la Majesté, 3° la Magnificence, 4° la Pompe, 5° la Noblesse, 6° la Richesse, 7° la Profondeur, 8° l'Énergie, 9° la Véhémence.

3. Le SUBLIME est la plus grande force de l'expression réunie à la plus grande élévation de la pensée. Le sublime se compose donc de deux choses : d'abord, de la pensée, qui se sent et ne peut se définir ; ensuite, de l'expression, qui doit être telle qu'on ne puisse lui en substituer une plus forte ou plus élevée. La pensée peut être sublime sans que l'ex-

pression le soit; mais l'expression n'est jamais sublime sans la pensée.

4. Lorsque nous entendons le sublime, nous éprouvons un contentement indicible et une sorte de joie orgueilleuse; il nous semble que notre âme s'élève vers Dieu; nous sommes ravis, transportés, hors de nous, et nous ne pouvons indiquer la cause de ce mouvement immatériel.

5. La simplicité de l'expression produit plutôt le sublime que le langage figuré. Il faut donc s'abstenir de tropes et de périphrases, et rechercher, pour le produire, les mots les plus forts, quelque simples qu'ils soient d'ailleurs.

6. Les sources du sublime sont les grandes images, les grandes passions, les grands sentiments, en un mot tout ce qui est grand et au-dessus des actions ordinaires de l'homme.

7. La MAJESTÉ dans le style consiste à parler dignement et gravement des choses saintes et de tout ce qui a droit à nos hommages et à nos respects.

8. La MAGNIFICENCE est la forme qui convient aux sujets relevés. L'on parle avec magnificence quand on présente à l'esprit une belle pensée en termes choisis.

9. La POMPE consiste à donner à son su-

jet tout l'éclat dont il est susceptible. La pompe choisit les expressions brillantes, les tours élégants; elle séduit, charme, éblouit; elle convient à tous les sujets, excepté aux sujets simples, qui doivent être traités sans recherche.

10. La NOBLESSE est dans le fond quand la pensée a plus d'éclat que de vérité; elle est dans la forme quand on remplace à propos une expression trop commune.

11. La RICHESSE du style consiste dans l'abondance des idées sur le même sujet, et dans l'expression concise qui les rend; et la PROFONDEUR consiste à exprimer en peu de mots un sens très-étendu.

12. Pour résumer :

LE SUBLIME

| Comprend dans la pensée : | Comprend dans l'expression : |
|---|---|
| Ce qu'il y a de plus grand. | Ce qu'il y a de plus fort. |
| **LE STYLE SUBLIME :** | |
| Ce qu'il y a de plus grand. | Ce qui est très-fort. |
| **LA MAJESTÉ :** | |
| Ce qui est auguste. | Ce qui est grave. |
| **LA MAGNIFICENCE :** | |
| Ce qui est grand. | Ce qui est éclatant. |
| **LA POMPE :** | |
| Tout, excepté le simple. | Ce qui est brillant. |

LA NOBLESSE :

| Comprend dans la pensée : | Comprend dans l'expression : |
|---|---|
| Ce qui a plus d'éclat que de vérité. | Ce qui est relevé. |

LA RICHESSE :

| | |
|---|---|
| Ce qui est fécond, abondant. | Ce qui est concis. |

LA PROFONDEUR :

| | |
|---|---|
| Ce qui est très-étendu. | Ce qui est très-concis. |

13. L'ÉNERGIE sert à exprimer avec chaleur une pensée forte ou vive.

14. La VÉHÉMENCE est l'énergie continuée ; elle emploie souvent les interrogations, les répétitions, les apostrophes et toutes les figures vives.

## QUESTIONNAIRE.

1. Qu'entendez-vous par *splendeurs du style ?* — 2. A combien de formes se réduisent les splendeurs du style?— 3. Qu'est-ce que le sublime?— 4. Qu'éprouvons-nous lorsque nous entendons le sublime ? — 5. Quel est le genre de style qui produit le plus souvent le sublime ? — 6. Quelles sont les sources du sublime ? — 7. En quoi consiste la majesté ? — 8. A quels sujets convient la magnificence ? — 9. En quoi consiste la pompe ? — 10. Quand la noblesse est-elle dans le fond et dans la forme ? — 11. En quoi consistent la richesse et la profondeur ? — 12. Résumez ce que vous venez de dire. — 13. A quoi sert l'énergie ? — 14. Qu'est-ce que la véhémence ?

## Seizième Leçon.

(Développements, pages 163 à 181.)

### ÉLOCUTION. — SUITE DES ORNEMENTS.

### SECTION III. — SECRETS DU STYLE.

1. On entend par *secrets du style* des formes tantôt douces, tantôt pittoresques, qu'il faut chercher en écrivant : car elles se cachent, et les bons écrivains seuls peuvent les trouver.

2. On peut réduire à neuf formes les *secrets du style* : 1° l'Harmonie, 2° l'Euphonie, 3° la Variété, 4° les Inversions, 5° les Alliances de mots, 6° le Choix des épithètes, 7° les Images, 8° les Pensées, 9° les Transitions.

3. Il y a deux sortes d'harmonie dans le style : l'HARMONIE MÉCANIQUE, qui résulte d'un bon choix et d'une disposition heureuse des mots, et l'HARMONIE IMITATIVE, qui lie l'arrangement des mots avec le sens des phrases.

4. Tantôt l'harmonie imitative choisit des mots qui imitent le bruit de la chose qu'on dépeint, comme dans ce vers :

Pour qui sont ces serpents qui sifflent sur ces têtes ?

Tantôt elle se sert de termes qui peignent l'état de la chose décrite. En ce dernier cas, elle prend le nom d'HARMONIE DESCRIPTIVE. Les deux vers suivants peignent la nonchalance :

> Quatre bœufs attelés, d'un pas tranquille et lent,
> Promenaient dans Paris le monarque indolent.

5. On cherche, au moyen de l'EUPHONIE, les tournures les plus agréables à l'oreille, en évitant la répétition des mêmes sons, et en rejetant les mots durs et désagréables à entendre.

6. La VARIÉTÉ consiste à arranger son style, tantôt en le coupant au moyen de petites phrases, tantôt en le rendant nombreux par l'emploi des périodes, quelquefois en l'ornant de figures, le plus souvent en conservant les expressions propres.

7. Les INVERSIONS contribuent beaucoup à varier le style. Elles consistent à présenter à l'esprit les pensées dans un ordre qui soit approprié à la situation de l'auditeur, ou qui mette sous ses yeux les faits tels qu'ils se sont passés, c'est-à-dire, les plus récents au commencement de la phrase, et les plus éloignés à la fin.

8. On fait une ALLIANCE DE MOTS quand on joint étroitement deux expressions opposées et inconciliables, et qui présentent cependant une pensée très-juste. C'est

ainsi qu'on dira en parlant d'un roi coupable et malheureux : *l'auguste misérable.*

9. Le CHOIX DES ÉPITHÈTES consiste à n'employer comme telles que les adjectifs qui relèvent le mérite d'une idée déjà suffisamment exprimée. Si donc l'épithète ne fait qu'éclaircir, décider, circonscrire une idée confuse, incomplète ou vague, elle ne mérite plus le nom d'épithète ; ce n'est qu'un simple adjectif.

10. Les IMAGES, dans le style, peignent les idées avec une telle vérité, qu'on croit avoir les choses sous les yeux. Quelquefois l'image est dans un mot, mais le plus souvent elle est dans une description courte et vive.

11. On donne, comme par excellence, le nom de PENSÉES à celles qui sont énoncées dans une forme précise et sentencieuse. Elles donnent de l'éclat au discours ; mais c'est un genre d'ornements dont il faut être sobre, parce qu'en recherchant les pensées on risque de s'en permettre beaucoup de mauvaises.

12. Il est un autre genre de pensées, qui se tiennent moins dans la généralité, et qui, appliquées aux sujets avec grâce, font toujours un excellent effet dans le style. Telles sont les pensées *fine, délicate, naïve* et *badine.*

13. La *pensée fine* naît de l'esprit ; la

*pensée délicate*, du cœur. On emploie la première lorsqu'on ne veut que laisser entrevoir une chose, sans l'exprimer ouvertement; on a recours à la seconde lorsqu'on veut peindre l'émotion.

14. La *pensée naïve* s'échappe sans effort : c'est la nature qui parle; reste à choisir la tournure qui rendra la naïveté plus saillante. La *pensée badine* transforme la sévérité en enjouement.

15. Les TRANSITIONS servent à lier les idées les unes aux autres, afin de ne pas faire un ensemble décousu. Elles sont de trois sortes : la première est la transition ordinaire, qui s'exprime en termes découverts, comme : *passons à tel objet, il nous reste à parler de*... — La seconde est la transition figurée, qui se cache sous une figure, par exemple, sous la correction, *que dis-je?* — La troisième est la transition oratoire, que la pensée couvre, et qui ne se trahit que par un mot jeté comme au hasard et difficile à remarquer.

### QUESTIONNAIRE.

1. Qu'entend-on par secrets du style? — 2. A combien de formes peut-on réduire les secrets du style? — 3. Y a-t-il plusieurs sortes d'harmonie dans le style? — 4. L'harmonie imitative n'est-elle pas elle-même de deux sortes? — 5. Que cherche-t-on au moyen de l'euphonie? — 6. En quoi consiste la variété? — 7. A quoi servent les inversions? — 8. Quand fait-on une alliance de mots?

— 9. En quoi consiste le choix des épithètes? — 10. Quel effet les images font-elles dans le style? — 11. Qu'est-ce qu'on nomme pensées? — 12. N'y a-t-il pas un autre genre de pensées? — 13. Parlez-nous de la pensée fine et de la pensée délicate. — 14. Dites un mot de la pensée naïve et de la pensée badine. — 15. A quoi servent les transitions et combien d'espèces en comptez-vous?

---

## Dix-Septième Leçon.

(Développements, pages 181 à 188.)

### ÉLOCUTION. — SUITE DES ORNEMENTS.

*Moyens de découvrir les secrets du style. — Analyse et Logique.*

1. L'ANALYSE, qu'on peut nommer aussi *décomposition*, a pour objet l'examen attentif de toutes les parties constitutives d'une œuvre littéraire.

2. Toutes les œuvres littéraires ont deux parties bien distinctes : 1° le *fond*, qui comprend l'invention et ses ressources, la disposition et ses éléments; 2° la *forme*, qui comprend toutes les espèces d'ornements que nous avons passés en revue jusqu'ici.

3. Dans la décomposition, on commence toujours par analyser la forme, afin de dépouiller une œuvre de tous les

ornements qui la couvrent, pour en examiner plus à l'aise la construction.

4. On continue la décomposition par l'analyse du fond, en recherchant si l'œuvre est conforme aux préceptes de l'art, tels que nous les avons exposés, et à la saine logique.

5. La LOGIQUE est la science qui enseigne à penser juste, à raisonner avec méthode; elle a trois formes principales, qui sont : le Syllogisme, l'Enthymème et le Dilemme.

6. Le SYLLOGISME a trois propositions. La première, ou *majeure*, est ordinairement l'énonciation d'une vérité reconnue, qu'on ne peut refuser d'admettre. La seconde, ou *mineure*, expose la pensée sujette à contestation, et qu'il faut prouver, si elle est niée. Ces deux premières propositions sont nommées aussi *prémisses*. Quand les prémisses sont avouées, la troisième proposition, ou *conséquence*, celle qui contient la vérité qui fait l'objet du syllogisme, est incontestable.

7. Voici un exemple de syllogisme :

*Majeure*. Il faut éviter tout ce qui rend vicieux.

*Mineure*. *Or* l'oisiveté rend vicieux.

*Conséquence*. *Donc* il faut éviter l'oisiveté.

8. L'ENTHYMÈME est un syllogisme abrégé. C'est la majeure ou la mineure avec la conséquence. Ainsi, on peut dire indifféremment, ou en sous-entendant la mineure :

Il faut éviter tout ce qui rend vicieux; *donc* il faut éviter l'oisiveté.

Ou bien, en sous-entendant la majeure :

L'oisiveté rend vicieux; *donc* il faut l'éviter.

9. Le DILEMME est un raisonnement qui repose sur deux propositions au milieu desquelles une autre proposition ne peut trouver place; il présente deux partis à l'adversaire, qui est confondu dans les deux hypothèses. Voici un exemple de dilemme :

Ou la science est utile, ou elle est inutile.

Si elle est utile, il faut s'efforcer de l'acquérir et travailler.

Si elle est inutile, il faut se condamner à l'ignorance pour toute sa vie.

Cette dernière conséquence étant effrayante et absurde, on est obligé d'avouer la première.

10. Ces trois sortes d'arguments ne se présentent jamais dans une œuvre littéraire sous ces dehors arides. On les orne de toutes les grâces de l'élocution, et l'on a

grand soin surtout de supprimer les mots *or* et *donc*, qui annoncent trop le raisonnement.

11. Par exemple, si je voulais déguiser le syllogisme que j'ai cité tout à l'heure comme modèle, je dirais : « Est-il rien « de plus beau sur la terre que de maî« triser ses passions, de commander aux « vices, et de faire de son âme un trône « pour toutes les vertus? Fuir les occa« sions du mal, acquérir par le travail les « qualités les plus précieuses, n'est-ce pas « seconder dignement les vues du Créa« teur, qui nous imposa avec la vie le « fardeau léger de l'étude? — Il est vrai « que notre nature, rebelle aux occupa« tions sérieuses, tend aux distractions « futiles, et recherche les agréments trom« peurs d'une molle oisiveté. L'oisiveté! « la perte de tant de jeunes personnes « nées avec les meilleures dispositions; « mais sous les traits de nos maîtresses la « grâce divine nous tend la main. — Sor« tons victorieuses de ces épreuves dan« gereuses où nous conduit notre pa« resse; repoussons dans son antre ce « monstre hideux qui nous crie vaine« ment : *Plus de travail!* et répondons« lui avec enthousiasme : *Plus d'oisi« veté!* »

## QUESTIONNAIRE.

1. Quel est l'objet de l'analyse? — 2. Quelles sont les parties constitutives des œuvres littéraires? — 3. Par où commence-t-on dans la décomposition? — 4. Comment continue-t-on la décomposition? — 5. Qu'est-ce que la logique? — 6. Parlez-nous du syllogisme. — 7. Citez un exemple de syllogisme? — 8. Qu'est-ce que l'enthymème? — 9. Qu'est-ce que le dilemme? — 10. Ces trois sortes d'arguments se présentent-ils dans une œuvre littéraire sous ces dehors arides? — 11. Déguisez sous les grâces de l'élocution le syllogisme que vous avez cité tout à l'heure.

---

# Dix-huitième Leçon.

(Développements, pages 188 à 191.)

## ÉLOCUTION, — SUITE DES ORNEMENTS.

### *Défauts opposés à l'ornement.*

1. Tout ce qui n'est pas convenablement exposé nuit à la beauté du style; mais il y a certaines imperfections qui choquent plus particulièrement. Tels sont : 1° le Trivial, 2° le Bas, 3° l'Ignoble, 4° le Disparate, 5° le Forcé, 6° le mauvais Choix d'épithètes, 7° la Dureté, 8° la Sécheresse, 9° les Quolibets, 10° l'Enflure, 11° le Boursouflé, l'Ampoulé, l'Emphatique, 12° la Déclamation, 13° l'Amplification.

2. On est *trivial*, quand on se sert de pensées et d'expressions rebattues et devenues trop communes à force d'être répétées.

3. Le *bas*, c'est tout ce qui manque d'élévation, de dignité, de convenance.

4. Les pensées sont *ignobles*, quand elles blessent la vertu, la vérité, la justice; le style est *ignoble*, quand les expressions sont empruntées d'objets vils.

5. Il y a *disparate*, quand les idées, comparées entre elles, sont sans aucun rapport, ou quand le style est d'une inégalité choquante.

6. Le style est *forcé*, quand on emploie mal les figures et qu'on les multiplie sans nécessité; la pensée est *forcée*, quand elle manque de naturel.

7. Accumuler des adjectifs qui n'ajoutent rien au substantif, c'est faire un *mauvais choix d'épithètes*.

8. La *dureté* est opposée plus particulièrement à l'euphonie ; on la reconnaît aux hiatus répétés, aux inversions continuelles et maladroites, au contact des consonnes qui ont le même son sans effet d'harmonie imitative, enfin à tout ce qui choque l'oreille.

9. Rejeter toute espèce d'ornement, renoncer à l'emploi des figures les plus naturelles, c'est être *sec dans l'expres-*

*sion.* N'offrir que des idées principales en écartant toutes idées accessoires qui pourraient contribuer à l'intérêt, c'est être *sec dans la pensée.*

10. Les *quolibets,* pointes et jeux de mots défigurent le style. Exceptons le cas où le naturel s'accorde avec la langue pour égayer le lecteur.

11. On est *enflé,* quand on affecte d'être grand, noble, pathétique dans le style ou la pensée.

12. Le *boursouflé,* l'*ampoulé,* l'*emphatique,* sont trois défauts de même espèce, indiquant en général tout ce qui est outré dans l'expression, et particulièrement : le *boursouflé,* les tournures pompeuses qui ne conviennent pas au sujet; l'*ampoulé,* les expressions grandioses qui cachent de minces idées; l'*emphatique* , les images gigantesques disproportionnées aux pensées.

13. On nomme *déclamation* le style des écrivains qui tombent dans les quatre défauts précédents.

14. On tombe dans l'*amplification* quand on délaye trop ses pensées.

**QUESTIONNAIRE.**

1. Quels sont les défauts opposés à l'ornement? — 2. Passons en revue tous ces défauts : expliquez-nous brièvement ce que c'est que le trivial. — 3. Le bas? —

4. L'ignoble? — 5. Le disparate? — 6. Le forcé? — 7. Le mauvais choix d'épithètes? — 8. La dureté? — 9. La sécheresse? — 10. Les quolibets? — 11. L'enflure? — 12. Le boursouflé, l'ampoulé, l'emphatique? — 13. La déclamation? — 14. L'amplification?

---

## Dix-neuvième Leçon.

( Développements, pages 192 à 198. )

### ÉLOCUTION. — SUITE DES ORNEMENTS.

### *Appendice. — Des divers genres de style.*

1. Les genres principaux de style sont : le concis, l'abondant, le grave, le véhément, le simple, le familier, le comique ou grotesque, l'élégant, le fleuri, et le romantique.

2. Le *style concis* est celui qui fait entendre beaucoup de choses en peu de mots. Le *style abondant* est celui qui entre dans quelques développements, en évitant la diffusion.

3. Le *style grave* est celui du moraliste, de l'historien; il raisonne, discute, et enchaîne les pensées par des transitions habiles; l'orateur y a recours quand il veut convaincre.

4. Le *style véhément* court avec rapidité, néglige quelquefois l'enchaînement

des idées, il parle aux passions. La tragédie et l'éloquence pathétique l'emploient de préférence.

5. Le *style simple* contient peu d'ornements, point de tournures affectées, de claires et courtes phrases et non des périodes, des expressions propres, une recherche solide du fond, sans égards minutieux pour la forme, le tout combiné de manière à ne point tomber dans la négligence.

6. Le *style familier,* c'est la fleur du langage populaire, l'éloignement de tout ce qui est trivial, le choix de tout ce qui est piquant, le triomphe de la métaphore, de la périphrase pittoresque et des figures à effet original, la place naturelle des proverbes et des réflexions naïves ou malicieuses. On l'emploie dans la lettre, la fable et la narration badine. — Lorsqu'on en bannit tout ce qui prête à la gaîté, on le rend *familier noble.*

7. Le *style comique* ou *grotesque* est le dernier degré où il soit permis de faire descendre le style. Le *familier* provoque le sourire, le *grotesque* la gaîté folle. On est alors bien près du *burlesque,* et il faut prendre garde d'y tomber.

8. Eviter la trop grande simplicité, orner sa pensée par d'heureuses figures et de belles images, rendre ses phrases har-

monieuses sans aller pourtant jusqu'à la période, c'est écrire, comme la plupart de nos bons auteurs, *en style élégant.*

9. Le *style fleuri* parle peu à la raison ; il s'occupe des grâces du langage avant tout, il multiplie les épithètes, il cadence les phrases. C'est un vêtement de grand seigneur jeté sur un bon bourgeois.

10. Le *style romantique* abandonne toute la mythologie des anciens; il prend sa source dans la religion, la philosophie et dans tous les sentiments du cœur; il est nourri de mouvements capricieux, d'élans mystérieux, de rêveries, de beautés idéales, d'idées aériennes. Il est très-voisin du pathos, du phébus et de la déclamation, et, pour cette raison, on ne doit y recourir qu'avec la plus grande circonspection.

11. Pour écrire en bon style, il faut examiner la nature des mouvements de l'âme et étudier le langage qui convient à chacun d'eux. Ainsi :

La *haine* emploie l'ironie, le reproche, la menace ;

L'*admiration* entasse les hyperboles ;

L'*envie* cache la satire sous l'éloge ;

L'*orgueil* provoque, défie, insulte ;

La *crainte* tremble, invoque ;

La *reconnaissance* sourit, remercie, adore ;

La *joie* bondit, pétille, éclate ;

La *douleur* se plaint, recourt aux exclamations ;

L'*espérance* soupire, souhaite, prie ;

Le *désespoir* se tait, ou lance des imprécations à toute la nature. Ainsi du reste. C'est en examinant comment se comportent les passions, qu'on leur prête une élocution digne des circonstances.

### QUESTIONNAIRE.

1. Quels sont les genres principaux de style? — 2. Disons un mot de chacun de ces styles. Le style concis? Le style abondant?— 3. Le style grave?—4. Le style véhément?— 5. Le style simple? — 6. Le style familier? — 7. Le style comique ou grotesque? — 8. Le style élégant? — 9. Le style fleuri? — 10. Le style romantique? — 11. Que faut-il examiner pour écrire en bon style?

---

## Vingtième Leçon.

( Développements, pages 314 à 336. )

### CHAPITRE IV. — DE L'ACTION.

1. L'Action est l'éloquence du corps ; ses règles ont pour objet de déterminer les convenances physiques que l'orateur et le narrateur (ou lecteur) doivent observer.

2. Les règles de l'action embrassent : 1° la Prononciation, 2° la Déclamation, 3° le Geste.

### § I. — *Prononciation.*

3. Deux qualités principales sont esentielles à une bonne prononciation, l'*exactitude* et la *distinctivité*.

4. La prononciation sera exacte, si on prend le soin de donner à chaque syllabe le son qui lui est assigné par les bons grammairiens, si l'on ne fait point entendre les consonnes et voyelles qui dans la langue jouent un rôle purement passif, si on observe les règles de la quantité, c'est-à-dire si l'on évite de rendre brèves des syllabes longues et longues des syllabes brèves, enfin si on place toujours avec soin l'accent grammatical.

5. La prononciation sera distincte, si l'on proportionne l'énonciation des syllabes à l'étendue de l'enceinte dans laquelle on parle. Il faudra donc prononcer plus distinctement dans un vaste local que dans un salon.

### § II. — *Déclamation.*

6. La *déclamation* est l'art de faire sentir ce que l'on prononce. Elle doit être naturelle, vraie et bienséante.

7. On rendra la déclamation *naturelle* en se mettant à la place de celui qui parle, en gémissant, par exemple, avec un malheureux, en s'irritant avec un homme en colère.

8. Pour que la déclamation soit *vraie*, il faut rendre dans sa juste étendue la pensée de son personnage, en n'allant ni en deçà ni au delà, et calculer, pour y parvenir, les repos et les inflexions de la voix.

9. Les *repos* de la voix se calculent sur le sens d'une phrase plutôt que sur la ponctuation, ordinairement assez négligée dans les ouvrages. Si on lit des vers, on ne doit point sans nécessité s'arrêter aux hémistiches et aux rimes, et tâcher au contraire de les faire disparaître.

10. Les *inflexions* de la voix dépendent beaucoup de la situation qu'on interprète; sur ce point les meilleurs guides, après une bonne maîtresse, sont le tact et la sensibilité. Il convient, en règle générale, de toujours marquer par un accent tonique le mot de la phrase qui fait mieux ressortir la pensée. Dans ce cas l'accent tonique n'est que la prolongation d'une syllabe. Il n'en est pas de même dans les interrogations : l'accent tonique doit être une élévation semi-aiguë de la voix, qui indique à l'auditeur comment il doit ré-

pondre. Quant à l'espèce d'accent qu'on fait entendre pour varier l'harmonie ou pour préparer la chute d'une période, il dépend du goût, et est subordonné aux lois de l'euphonie.

11. La déclamation est *bienséante,* quand on sait l'approprier au genre de composition que l'on récite; elle peut donc être, suivant le sujet, grave, badine, calme, ardente ou passionnée.

## § III. — *Gestes.*

12. Le *geste* s'adresse aux yeux et donne, pour ainsi dire, un corps à la parole. Chacun sait qu'au moyen des gestes, on peut quelquefois parfaitement s'entendre sans se parler.

13. Le geste comprend les mouvements de la tête, des yeux, des bras, des mains et la position du corps.

14. La *tête*, renversée un peu en arrière, marque fierté, arrogance, dédain; baissée ou penchée négligemment, langueur, timidité; enfoncée dans les épaules, terreur; tenue droite avec aisance et simplicité, modestie. Par ses mouvements combinés avec ceux de la bouche et des yeux, elle affirme, nie, admire, méprise, accorde, refuse, s'indigne ou compatit. Elle doit être en tout de concert avec la main.

15. Les *yeux* sont, dit-on, le miroir de l'âme; ils expriment à peu près tous les mouvements qui naissent en nous, involontairement et sans que nous nous en doutions. Pour les diriger, si nous sentons bien, il n'est pas besoin d'étude.

16. Il faut éviter de tenir les *bras* pendants et allongés, de les serrer fortement contre le corps ou de les remonter trop près du cou, et de les mettre en mouvement d'une manière brusque. Le geste doit partir du coude, et tous les mouvements guidés par les mains doivent être arrondis. On doit s'exercer à gesticuler du bras gauche comme du bras droit.

17. Le dedans de la *main* est tourné du côté du corps quand on appelle quelqu'un vers soi, ou qu'on exprime le désir de posséder quelque chose, tandis qu'il se tourne en dehors lorsqu'on éprouve de la répulsion, de l'horreur pour un objet, ou qu'on veut l'éloigner. Les mains supplient quand elles se joignent, bénissent quand on les étend l'une à côté de l'autre. Avancée et étendue à la hauteur de la poitrine, la main assure les choses par serment; dans la même position, à la hauteur de l'œil, elle menace. Les doigts ne doivent point être ni collés, ni allongés, ni trop ouverts; le pouce sera séparé des autres doigts, qui seront joints légèrement et formeront une petite courbe.

18. L'une des mains ne doit point anticiper sur le domaine de l'autre, c'est-à-dire dépasser la ligne verticale correspondante au menton. Excepté des cas rares, comme la fatigue et le découragement, il ne faut pas les tenir sur la même ligne.

19. Les gestes des mains et des bras sont de trois sortes : *indicatifs*, *imitatifs*, *affectifs*. — Ils sont *indicatifs*, quand on désigne la personne, les temps, les lieux, le nombre. Il serait indécent d'indiquer avec un seul doigt ; il faut le faire le pouce un peu en avant, posé sur les quatre autres doigts pliés en dedans, mais sans raideur, pour ne pas montrer le poing, ce qui serait inexcusable et la plus lourde faute contre la politesse de l'action : car, en aucun cas, il n'est permis de menacer du poing. Il serait encore ridicule de compter sur ses doigts comme un écolier. Les gestes sont *imitatifs*, quand, par des signes pittoresques, on fait connaître les personnes ou les choses. L'écueil ici est de tomber dans l'excès et de faire une caricature ; ce serait du plus mauvais ton. Enfin, les gestes sont *affectifs*, quand ils expriment les passions, les mouvements de l'âme. Ils se combinent alors avec ceux de la tête, des yeux, de la bouche, avec les inflexions de la voix, etc. Ce sont les gestes les plus oratoires.

20. L'on doit assurer et rendre aisée la *position du corps,* soit que l'on parle debout, soit que l'on soit assis. Debout, et en parlant à l'auditeur de droite, la jambe gauche soutient le haut du corps et la droite est un peu avancée ; le contraire a lieu si l'auditeur est à gauche. Assis, il faut avoir les deux pieds légèrement écartés, et le haut du corps droit sans raideur.

## QUESTIONNAIRE.

1. Qu'est-ce que l'action? — 2. Qu'embrassent les règles de l'action? — 3. Quelles sont les qualités d'une bonne prononciation? — 4. En quels cas la prononciation sera-t-elle exacte? — 5. En quels cas la prononciation sera-t-elle distincte? — 6. Qu'est-ce que la déclamation? — 7. Comment rendra-t-on la déclamation naturelle? — 8. Que faut-il faire pour que la déclamation soit vraie? — 9. Sur quoi se calculent les repos de la voix? — 10. D'où dépendent les inflexions de la voix? — 11. Quand la déclamation est-elle bienséante? — 12. A quelle partie du corps s'adresse le geste? — 13. Quels mouvements le geste comprend-il? — 14. Indiquez les effets produits par les mouvements de la tête. — 15. Quelle sorte de mouvements les yeux expriment-ils? — 16. Que faut-il éviter et observer dans les gestes des bras? — 17. Précisez quelles sensations sont rendues par les mouvements des mains. — 18. L'une des mains ne peut-elle pas anticiper sur le domaine de l'autre? — 19. De combien de sortes sont les gestes des mains et des bras? — 20. Que faut-il observer dans la position du corps?

## Vingt-unième Leçon.

---

Voir le Tableau synoptique ci-contre.

## Vingt-unième Leçon. (A faire répéter au tableau.)

# TABLEAU SYNOPTIQUE RÉSUMANT TOUS LES PRÉCEPTES DE RHÉTORIQUE PRÉCÉDEMMENT EXPOSÉS.

- **INVENTION**
  - EN GÉNÉRAL. 1. Sujet. 2. Accessoires. 3. Méditation du plan. 4. Lieux communs.
  - NARRATIVE.
    - Sources du fait. 1. Le monde existant. 2. Le monde historique. 3. Le monde idéal. 4. Le monde fabuleux.
    - Ses qualités. 1. Intérêt. 2. Vraisemblance. 3. Moralité.
  - ORATOIRE.
    - Preuves. 1. Intrinsèques. 2. Extrinsèques.
    - Mœurs. 1. Probité. 2. Modestie. 3. Bienveillance. 4. Prudence. 5. Bienséances. 6. Précautions.
    - Passions. 1. L'amour. 2. La haine.
    - Pathétique. 1. Exprimé en style simple. 2. Veut être préparé. 3. Ne pas l'interrompre. 4. Ne pas le prolonger.
- **DISPOSITION**
  - EN GÉNÉRAL. 1. Ordre. 2. Gradation. 3. Harmonie.
  - NARRATIVE.
    - Exposition. 1. Claire. 2. Simple.
    - Nœud. 1. Doit se former. 2. Se serrer.
    - Dénouement. 1. Veut être préparé. 2. S'arrêter à temps. 3. Ton conforme à l'exposition.
  - ORATOIRE.
    - 1. Exorde. 1. Simple. 2. Insinuant. 3. Véhément. 4. Pompeux.
    - 2. Proposition. 1. Division. 2. Subdivision.
    - 3. Narration. 4. Confirmation. 5. Réfutation. 6. Péroraison.
- **ÉLOCUTION.**
  - CLARTÉ.
    - Qualités. 1. Perception intellectuelle. 2. Perspicacité. 3. Naturel. 4. Facilité. 5. Propriété des termes. 6. Simplicité. 7. Justesse. 8. Précision. 9. Concision.
    - Défauts. 1. Obscurité de pensées. 2. Obscurité d'expressions. 3. Extrême concision. 4. Diffusion. 5. Affectation. 6. Pathos. 7. Phébus. 8. Marivaudage.
  - CORRECTION.
    - Qualités. 1. Phrases bien coupées 1° simples, 2° composées. 2. Périodes 1° carrées, 2° croisées, 3° rondes. 3. Choix des synonymes. 4. Pureté.
    - Défauts. 1. Purisme. 2. Barbarisme. 3. Néologisme. 4. Solécisme.
  - ORNEMENT.
    - Figures.
      - Figures de mots. 1. Ellipse. 2. Pléonasme. 3. Syllepse. 4. Hyperbate. 5. Conjonction. 6. Répétition. 7. Disjonction. 8. Apposition. 9. Onomatopée.
      - Tropes. 1. Métaphore. 2. Métonymie. 3. Synecdoque. 4. Catachrèse. 5. Allégorie. 6. Antonomase. 7. Métalepse. 8. Hyperbole. 9. Litote. 10. Hypotypose. 11. Ironie. 12. Euphémisme. 13. Périphrase. 14. Allusion. 15. Communication. 16. Hypallage.
      - Figures de pensées. 1. Expolition. 2. Accumulation. 3. Interrogation. 4. Apostrophe. 5. Exclamation. 6. Communication. 7. Gradation. 8. Dubitation. 9. Prolepse. 10. Concession. 11. Permission. 12. Subjection. 13. Epiphonème. 14. Prétermission. 15. Réticence. 16. Correction. 17. Suspension. 18. Comparaison. 19. Antithèse. 20. Commination. 21. Obsécration. 22. Déprécation. 23. Imprécation. 24. Optation. 25. Serment. 26. Prosopopée.
    - Splendeurs. 1. Sublime. 2. Majesté. 3. Magnificence. 4. Pompe. 5. Noblesse. 6. Richesse. 7. Profondeur. 8. Energie. 9. Véhémence.
    - Secrets. 1. Harmonie. 2. Euphonie. 3. Variété. 4. Inversions. 5. Alliances de mots. 6. Choix d'épithètes. 7. Images. 8. Pensées. 9. Transitions.
      Analyse et Logique. Analyse, — fond et forme. Logique : 1. Syllogisme. 2. Enthymème. 3. Dilemme.
    - Défauts. 1. Le trivial. 2. Le bas. 3. L'ignoble. 4. Le disparate. 5. Le forcé. 6. Le mauvais choix d'épithètes. 7. La dureté. 8. La sécheresse. 9. Les quolibets. 10. L'enflure. 11. Le boursouflé, l'ampoulé, l'emphatique. 12. La déclamation. 13. L'amplification.
- **ACTION.**
  - PRONONCIATION. 1. Exactitude. 2. Distinctivité.
  - DÉCLAMATION. 1. Naturelle. 2. Vraie. 3. Bienséante.

# Vingt-deuxième Leçon.

## DEUXIÈME PARTIE.

### PRÉCEPTES DES GENRES.

(Développements, pages 199 à 217.)

1. Les divers genres de composition que l'on peut étudier dans la jeunesse se réduisent à trois, qui sont : 1° la Lettre, 2° la Narration, 3° le Discours.

### CHAPITRE Ier. — DE LA LETTRE.

2. Par *lettre* on entend l'écrit par lequel une personne transmet à une autre ses impressions, ses sentiments, ses projets, etc., etc., sous une forme aimable et familière. C'est le genre de composition dont l'étude porte ses fruits pendant toute la vie, et que, pour cette raison, on doit apprendre dans un cours spécial (1).

(1) Voir mon *Cours de style épistolaire* à l'usage des demoiselles. 2 vol. in-12.

3. La lettre forme avec sa réponse une véritable conversation écrite entre personnes absentes. Le genre *d'élocution* qui convient aux lettres est donc le style familier, le ton d'une conversation soutenue avec grâce, abandon, et noblesse en certains cas.

4. Quant à l'*invention*, le genre épistolaire n'en exige pas, puisque les circonstances de la vie nous fournissent nos sujets; et la *disposition* ne veut qu'une chose, c'est que la lettre présente une gradation descendante, en commençant toujours par les objets qui intéressent le plus la personne à qui l'on écrit.

5. Une lettre ne doit point être allongée sans nécessité, excepté entre amies qui aiment à causer. Il faut s'en tenir aux choses que l'on a à se dire, lorsqu'elles ont été clairement exprimées.

6. Les lettres ont un cérémonial particulier tout à fait indépendant des préceptes de la Rhétorique, et qu'il est bon d'étudier spécialement. Entre autres choses, la civilité épistolaire exige que l'on réponde toujours aux lettres qu'on reçoit, lorsque les bienséances et la volonté du correspondant ne s'y opposent point. Les réponses n'étant que *des lettres retournées*, contenant l'explication des questions qui nous sont proposées, le *style* ne

change pas, et la *disposition* doit rester la même que pour les lettres.

7. Il y a vingt-une espèces de lettres; mais nous ne pouvons traiter ici que des dix principales, qui sont : les lettres de compliment, de félicitation, de condoléance, de remercîment, d'excuses, de nouvelles, de recommandations, de conseils et de reproches.

## § 1. — *Lettres de compliment.*

8. On écrit une lettre de compliment à l'occasion du jour de l'an, ou d'un jour particulier qui rappelle soit une fête, soit un anniversaire.

9. Le compliment du jour de l'an étant ce qu'il y a de plus fade dans le commerce épistolaire, il faut se garder de l'étendre, et le renfermer, s'il est possible, en une seule phrase. Mais il est certains cas exceptionnels de position où le style peut varier ainsi que la pensée : c'est lorsqu'on a des parents qui craignent Dieu, lorsqu'une famille a éprouvé des malheurs pendant l'année, etc.; il ne faut pas négliger alors le sentiment religieux et les souvenirs d'un bon cœur. Ces circonstances, habilement saisies, empêchent toute monotonie dans le compliment.

10. Le compliment à l'occasion des an-

niversaires présente plus de ressources à l'écrivain, en ce qu'il peut faire à ses correspondants l'application de traits propres à la vie de leurs patrons, ou tirer un aimable souhait des objets qu'il leur offre en témoignage de son affection.

11. Les réponses aux lettres de compliment sont des lettres de remercîment, de félicitations, de conseils, d'amitié, etc., suivant le cas.

## § II. — *Lettres de félicitations.*

12. Les lettres de félicitations ont pour objet de témoigner à quelqu'un la part qu'on prend à son bonheur.

13. On prend texte d'un fait heureux arrivé au correspondant pour faire l'éloge de son mérite, sans exagération comme sans réticence ou arrière-pensée. Il faut prendre garde de faire soupçonner que l'on attend soi-même quelques bienfaits par suite de la faveur dont on félicite : ce serait une inconvenance impardonnable.

14. Les réponses aux lettres de félicitations doivent se distinguer par la modestie. On ferait bien de rapporter à Dieu, le maître de toutes grâces, le mérite de la faveur qu'on a obtenue.

## § III. — *Lettres de condoléance.*

15. Les lettres de condoléance sont le contraire des lettres de félicitations : celles-ci ont pour texte les circonstances heureuses de l'existence ; celles-là, les malheurs de la vie.

16. Pleurer avec ceux qui pleurent, leur présenter les consolations de la religion, bannir du style toutes les fleurs du langage, le rendre, au contraire, simple et naturel, exempt de toute philosophie, tel est le secret de faire une bonne lettre de condoléance, quand les douleurs sont extrêmes ; mais s'il s'agit de pertes peu graves, on peut chercher des consolations dans le présent et dans l'avenir. Ajoutons qu'en tous cas les lettres de condoléance doivent être un peu développées.

17. Les réponses aux lettres de condoléance deviennent la plupart des lettres de remercîment, où le cœur oppressé sait trouver un style digne de la douleur.

### QUESTIONNAIRE.

1. Quels sont les genres de composition à étudier dans la jeunesse ? — 2. Qu'entend-on par lettre ? — 3. Que forme la lettre avec sa réponse, et quel genre d'élocution convient-il d'appliquer aux lettres ? — 4. Quelles règles d'invention et de disposition le genre épistolaire exige-

t-il? — 5. Doit-on allonger une lettre sans nécessité? — 6. Y a-t-il un cérémonial particulier à observer dans les lettres? — 7. Combien y a-t-il d'espèces de lettres? — 8. A quelles occasions écrit-on une lettre de compliment? — 9. Que faut-il observer en écrivant un compliment du jour de l'an? — 10. Le compliment à l'occasion des anniversaires présente-t-il plus de ressources à l'écrivain? — 11. Les réponses aux lettres de compliment ne sont-elles pas des lettres? — 12. Quel est l'objet des lettres de félicitation? — 13. Quel est le texte à choisir en cette occasion? — 14. Par quelle qualité principale doivent se distinguer les réponses à ces sortes de lettres? — 15. Quel est l'objet des lettres de condoléance? — 16. Expliquez-nous le secret d'une bonne lettre de condoléance. — 17. Que deviennent la plupart des réponses aux lettres de condoléance?

---

## Vingt-troisième Leçon.

( Développements, pages 208 à 217. )

### LETTRES (SUITE).

### § IV. — *Lettres de demande.*

1. Les lettres de demande entre amies sont affranchies de toutes règles. Mais, hors ce cas, toute demande doit être faite avec simplicité, respect, confiance, précédée ou suivie des motifs qui la nécessitent, et exposée avec naïveté et franchise.

2. Pour répondre aux lettres de demande, il faut suivre les mêmes règles de

simplicité et de franchise, s'exécuter de bonne grâce si la demande est accordée, et témoigner son regret si elle est refusée.

## § V. — *Lettres de remercîment.*

3. Le but de la lettre de remercîment est de montrer qu'on sent le prix d'un bienfait qu'on a reçu. Le style doit être naturel, sans le moindre mélange de contrainte ou d'affectation, exprimant convenablement l'émotion et la reconnaissance.

4. Dans les réponses, on réduira à sa juste valeur le bienfait accordé, et on laissera voir au protégé que son mérite est récompensé comme il devait l'être.

## § VI. — *Lettres d'excuses.*

5. On écrit une lettre d'excuses quand on a blessé sans intention les convenances sociales. Il faut avouer ses torts d'un ton sincère, et protester qu'ils ne se renouvelleront pas. Mais il peut se faire qu'on n'ait pas tort, et que le correspondant, qui se croit outragé, exige une réparation; en ce cas, il faut user des précautions oratoires, tout en rétablissant et expliquant les faits.

6. Répondre aux lettres d'excuses est

chose plus facile. L'on doit pardonner de bon cœur, si l'excuse est complète, ou convenir soi-même de ses torts, s'ils sont réels.

### § VII. — *Lettres de nouvelles.*

7. Une lettre de nouvelles est l'exposé d'un fait réduit à sa plus grande simplicité, sans détails piquants ni petites circonstances. Il faut joindre ici à la naïveté de la forme la vérité et la certitude du fond, ne raconter que des choses convenables, intéressantes, qui ne puissent pas blesser la discrétion.

8. On répond à une lettre de nouvelles par une lettre de remercîment, de conseils, de félicitations, etc.

### § VIII. — *Lettres de recommandation.*

9. Par une lettre de recommandation, on introduit quelqu'un près de son correspondant, afin que le recommandé ne soit pas traité comme un étranger.

10. Le style fait le principal mérite d'une lettre de recommandation : s'il est abondant, le recommandé est digne d'intérêt; s'il est concis, le correspondant doit obliger avec réserve.

11. La lettre de recommandation

n'exige pas de réponse ordinairement; c'est un simple *laissez-passer*.

### § IX. — *Lettres de conseils.*

12. Les supérieurs ont seuls le droit d'écrire des lettres de conseils ; entre amies, il ne faut donner de conseils qu'autant qu'on y est invitée. Même en ce cas, la plus grande réserve doit guider la plume, et, tout en disant sa pensée, il faudra faire emploi de la dubitation, de la correction, de la suspension et autres figures exprimant l'embarras.

13. La politesse épistolaire exige que l'on réponde à une lettre de conseils par un remercîment, lors même que les conseils ne paraîtraient pas dignes d'être suivis.

### § X. — *Lettres de reproches.*

14. Les reproches doivent toujours être tempérés par un style agréable et affectueux, quelle que soit la position où se trouve l'écrivain; ils doivent être fondés, car il faut bien se garder de les faire si l'on n'est pas certain des faits.

15. En répondant aux lettres de reproches, on écrit une lettre d'excuses.

16. Dans la décomposition ou analyse

des lettres, on remarquera les expressions de meilleur goût et les tournures les plus naturelles. Cela suffira pour la forme. Au fond, l'on examinera la disposition des pensées, et on réduira la lettre à quelques lignes.

### QUESTIONNAIRE.

1. Quelles sont les règles des lettres de demande? — 2. Quelles règles faut-il suivre pour y répondre? — 3. Quel est le but de la lettre de remercîment? — 4. Que fera-t-on dans les réponses aux remercîments? — 5. En quelle occasion écrit-on une lettre d'excuses? — 6. Est-il plus facile de répondre aux lettres d'excuses? — 7. Qu'est-ce qu'une lettre de nouvelles? — 8. Comment répondre à une lettre de nouvelles? — 9. Que fait-on par une lettre de recommandation? — 10. Le style ne fait-il pas le principal mérite de ce genre de lettre? — 11. La lettre de recommandation n'exige-t-elle pas une réponse? — 12. Quelles observations avez-vous à présenter sur les lettres de conseils? — 13. Qu'exige la politesse épistolaire, quand on a reçu une lettre de conseils? — 14. Passons aux lettres de reproches; les écririez-vous sans ménagement? — 15. Que fait-on en répondant aux lettres de reproches? — 16. Que faudra-t-il faire dans la décomposition des lettres?

---

## Vingt-quatrième Leçon.

(Développements, pages 218 à 231.)

## CHAPITRE II. — DE LA NARRATION.

1. On comprend sous le nom générique de *narration* toutes ces compositions de

médiocre étendue, qui consistent en un récit plus ou moins vif et animé, et qui n'admettent qu'accessoirement le discours direct et le dialogue.

2. Ces compositions sont de huit sortes, savoir : 1° la Définition, 2° les Portraits et Caractères, 3° le Parallèle, 4° le Dialogue, 5° l'Allégorie, 6° la Fable, 7° les Tableaux et Descriptions, 8° la Narration proprement dite.

## § I. — *De la Définition.*

3. La définition est une composition par laquelle on fait concevoir une chose telle qu'elle est ou telle qu'elle doit être.

4. La définition doit déterminer les rapports, le genre et la différence : les *rapports,* en détaillant les objets qu'embrasse la chose définie ; le *genre,* en classant le sujet dans l'ordre qui lui convient ; la *différence,* en montrant ses qualités propres, qui le distinguent des sujets de même genre.

5. La définition doit être faite dans un style clair et précis : *clair,* afin qu'on ne puisse confondre le sujet défini avec d'autres ; *précis,* pour que le lecteur ne soit point fatigué de la longueur des explications : car la définition n'est qu'un accessoire dans la composition.

6. Pour rendre une définition plus claire, on peut recourir à une comparaison courte, et même, si une clarté suffisante ressort du développement de l'une des trois qualités constitutives de la définition, on peut se dispenser de développer les deux autres.

7. Dans la décomposition, on recherchera au fond les rapports, le genre et la différence, et dans la forme la clarté et la précision des mots.

## § II. — *Portraits et Caractères.*

8. Il y a plusieurs sortes de portraits, qui sont : le portrait proprement dit, qui représente un sujet au physique et au moral; le portrait physique, ou description de l'extérieur du sujet; le portrait moral, ou description de ses mœurs et qualités; le portrait littéraire, ou description des œuvres d'un écrivain; et le portrait historique, ou description d'un personnage appartenant aux temps passés.

9. Le *caractère* est le portrait d'une qualité ou d'un vice en général, sans application à aucun individu. En le traçant, il faut donc se garder de nommer un sujet quelconque, parce qu'on ne ferait plus alors un caractère, mais un éloge ou une satire.

10. Un portrait peut être placé dans tous les genres de composition; on ne peut pas prodiguer ainsi le caractère, qui n'a sa place que dans de graves circonstances et des sujets austères.

11. L'élocution convenable aux portraits et caractères consiste dans la précision des termes, un arrangement parfait de détails, une exposition naturelle, et un dessin correct des traits. Ce n'est qu'à ces conditions que le portrait ne dégénère point en caricature, et le caractère en déclamation.

12. Pour analyser un portrait, on doit examiner au fond à quel genre il appartient, et dans la forme quelles sont les expressions qui reproduisent les traits les plus fidèles.

## § III. — *Parallèles.*

13. On fait un parallèle quand on rapproche deux portraits pour les comparer et se prononcer sur le mérite de chaque sujet dépeint.

14. Quoique les parallèles soient aussi multipliés que les portraits et suivent les mêmes règles, ils ont une ressource de plus : c'est l'antithèse; mais il faut manier cette figure avec talent et variété, pour ne pas tomber dans la monotonie.

15. On applique aux parallèles les mêmes procédés de décomposition qu'aux portraits. On fait de plus ressortir les formes de l'antithèse.

### QUESTIONNAIRE.

1. Que comprend-on sous le nom générique de *narration?* — 2. De combien de sortes sont ces compositions? — 3. Qu'est-ce que la définition? — 4. Que doit déterminer la définition? — 5. Dans quel style la définition doit-elle être faite? — 6. De quoi peut-on s'aider pour rendre une définition plus claire? — 7. Que recherchera-t-on dans la décomposition de la définition? — 8. Y a-t-il plusieurs sortes de portrait? — 9. Qu'est-ce que le caractère? — 10. Où peut-on placer un portrait? — 11. En quoi consiste l'élocution convenable aux portraits et caractères? — 12. Que doit-on faire pour analyser un portrait? — 13. Quand fait-on un parallèle? — 14. Les parallèles ont-ils plus de ressources que les portraits? — 15. Quels procédés de décomposition sont applicables aux parallèles?

---

## Vingt-cinquième Leçon.

(Développements, pages 231 à 261.)

### SUITE DE LA NARRATION.

### § IV. — *Dialogues.*

1. Le dialogue est un ouvrage d'esprit qui a la forme d'un entretien entre deux ou plusieurs personnes.

2. Le dialogue peut s'adapter à tous les genres de composition, depuis le sujet badin jusqu'à la thèse philosophique ; mais son style doit varier suivant la nature de la matière que l'on traite : tantôt il sera simple, naïf, léger et plaisant, tantôt grave, noble, éloquent et sublime.

3. On nomme dialogue dramatique ou poétique, lors même qu'il est écrit en prose, celui qui représente une action plutôt qu'il ne développe une vérité. En ce cas, le dialogue contient, comme la narration, une exposition, un nœud et un dénouement.

4. Le dialogue étant une conversation, il doit en reproduire les qualités naturelles, la vivacité, l'abandon, la simplicité ; mais il faut rehausser ces qualités par des oppositions, parce que s'il n'y avait qu'un seul avis, l'uniformité lasserait la patience de l'auditeur.

5. Dans un dialogue la réplique ne doit pas se faire attendre, excepté dans les situations où les passions et les sentiments sont excités. Il faut alors mettre beaucoup d'art à couper le dialogue.

## § V. — *Allégories.*

6. L'allégorie est une composition qui présente un sens mystérieux, caché sous

des images qui le laissent deviner, mais ne le font point positivement connaître; si donc on prenait le soin de l'expliquer, il n'y aurait pas allégorie parfaite, et la composition prendrait un autre nom. C'est ainsi qu'on nomme *parabole* l'allégorie qui a pour but l'instruction religieuse.

7. L'allégorie ne doit point expliquer le sens des images; il faut cependant qu'elle laisse aisément deviner la vérité qu'elle enveloppe, ou par la ressemblance, ou par la justesse des rapports.

8. Une allégorie trop prolongée devient froide; pour la soutenir, on anime son style par de gracieuses figures; nulle composition n'y prête davantage.

9. Le dialogue et l'allégorie ne sont pas difficiles à analyser. Dans la forme on s'attache à faire ressortir les beautés des tournures; au fond, on précise à quel genre appartient le dialogue, et l'on explique la pensée cachée de l'allégorie.

## § VI. — *Fables et Apologues.*

10. La fable est le récit d'une action feinte destinée à l'amusement et à l'instruction; l'apologue est un récit vrai ou fabuleux qui a le même but.

11. L'apologue met en scène les dieux,

les esprits, les hommes, les animaux et les choses inanimées; la fable ne peut choisir ses personnages que parmi les animaux et dans la nature morte. D'où il suit que l'apologue est plus noble, c'est le genre; la fable n'est que l'espèce.

12. Tout apologue doit contenir une action avec ses trois parties, et une moralité, ou exprimée ou sous-entendue; son style précis et serré exclut les périodes et les grandes figures; il admet les images, les formes pittoresques, l'harmonie, la variété, l'épithète, la métaphore et tous les tropes; il exige la simplicité, la naïveté, la facilité, le naturel et l'élégance.

13. En analysant l'apologue au fond, on examine l'exposition, le nœud, le dénouement et la moralité; dans la forme on détaille les ornements. On termine en réduisant l'apologue à quelques lignes.

## § VII. — *Tableaux et Descriptions.*

14. La description sert à représenter un objet ou une action; elle met en relief la nature d'une chose, ou les diverses circonstances d'un fait. Elevée à son plus haut degré de perfection, elle prend le nom de *tableau*.

15. La description et le tableau ne constituent pas précisément un genre parti-

culier de composition ; ce sont des ornements, mais d'une importance telle qu'il est très-peu de sujets qui puissent s'en passer.

16. Une description se puise à quatre sources : 1° *dans la nature*, lorsqu'on représente une de ses scènes variées ; 2° *dans la société*, en peignant les actions des hommes ; 3° *dans le cœur humain*, en parlant des passions ; 4° *dans la religion*, en retraçant les faits auxquels la foi nous initie.

17. Le style de la description est indiqué dans ces trois vers de Boileau :

> Soyez riche et pompeux dans vos descriptions ;
> C'est là qu'il faut du style étaler l'élégance.
> N'y présentez jamais de basse circonstance.

A ces recommandations, il faut ajouter que l'objet doit être dépeint : 1° sous le point de vue le plus remarquable ; 2° au moment le plus favorable à son but ; 3° avec l'étendue convenable ; 4° de la manière la plus éclatante, au moyen surtout de contrastes qui le font ressortir.

18. Le tableau ne s'obtient qu'en pressant le récit, et en donnant au style une très-grande rapidité et un éclat remarquable. Ces effets sont dus principalement à l'hypotypose, et à la coupe resserrée des phrases.

19. En décomposant les tableaux et

descriptions, on ne tiendra aucun compte du fond; toute l'attention se portera sur les ornements.

## QUESTIONNAIRE.

1. Qu'est-ce que le dialogue? — 2. Le dialogue peut-il s'adapter à tous les genres de composition? — 3. Que nomme-t-on dialogue dramatique ou poétique? — 4. Vous venez de dire que le dialogue est un entretien; est-ce qu'il doit reproduire les qualités de la conversation? — 5. La réplique doit-elle se faire attendre dans un dialogue? — 6. Qu'est-ce que l'allégorie? — 7. Puisque l'allégorie ne doit point expliquer le sens des images, il n'est pas nécessaire qu'elle le laisse aisément deviner? — 8. Que pensez-vous d'une allégorie trop prolongée? — 9. Est-il difficile d'analyser le dialogue et l'allégorie? — 10. Qu'est-ce que la fable? Définissez en même temps l'apologue. — 11. Expliquez ces définitions. — 12. Tout apologue doit-il contenir une action, et quel genre de style lui convient? — 13. Que fait-on en analysant l'apologue? — 14. A quoi sert la description? — 15. Mais il me semble que les descriptions et tableaux ne sont que des ornements? — 16. A quelles sources se puise une description? — 17. Quel est le style convenable à la description? — 18. Comment s'obtient un tableau? — 19. Comment décomposer les tableaux et descriptions?

## Vingt-sixième Leçon.

(Développements, pages 261 à 266.)

### SUITE DE LA NARRATION.

1. La Narration proprement dite se divise en six genres, qui sont : 1° le genre historique ; 2° le genre poétique ; 3° le genre badin ; 4° le genre mixte ; 5° le genre épistolaire ; 6° le genre merveilleux.

### § I. — *Narration historique.*

2. La narration historique est le récit d'un fait puisé dans l'histoire.

3. L'histoire, à son point de vue le plus restreint, n'est qu'une longue narration des événements accomplis par l'homme. Dans ces événements, on choisit un fait particulier, par exemple une bataille, un fait héroïque, etc., pour en faire une narration historique.

4. Ce genre de narration exige trois qualités indispensables : la vérité, l'impartialité, l'unité.

5. La narration sera *vraie*, si le fait est incontesté, puisé à des sources authenti-

ques, ou appuyé, en cas qu'il soit inédit, de pièces justificatives irrécusables; elle sera *impartiale*, si on apprécie sans passion la conduite de ses personnages, en leur distribuant, suivant qu'ils le méritent, l'éloge ou le blâme; elle sera *une*, si tous lès détails du récit, toutes les circonstances indiquées, se rapportent au fait qu'on raconte.

6. Le style de la narration historique sera grave, rarement abondant, assez souvent concis. Les phrases seront tantôt courtes, tantôt périodiques, pour obtenir la variété.

## § II. — *Narration poétique.*

7. La narration poétique ou fictive n'a qu'une seule règle, celle de la vraisemblance. L'imagination est seule maîtresse de l'invention et de tous les détails du fait.

8. La vraisemblance doit être ici si naturelle qu'on soit porté à croire vrai le fait exposé; de plus le récit fictif doit être plus intéressant que le récit historique, et être conforme aux règles de l'unité la plus parfaite. La disposition veut que les trois parties de l'action soient saillantes et bien dessinées; l'invention, que les caractères des personnages soient soutenus et que le sujet soit moral.

9. Dans la narration poétique, il est permis de ne pas commencer par le commencement; alors le lecteur est transporté de suite au milieu du nœud, et ce n'est que plus tard que l'exposition a lieu. Tel est le début *du Télémaque;* c'est celui qu'on adopte de préférence dans les compositions dramatiques.

10. Le récit poétique reçoit tous les ornements du style; il s'agit de les placer à propos et avec goût.

### § III. — *Narration badine.*

11. La narration badine ou *conte* est le récit d'un événement propre à instruire le lecteur, tout en l'amusant. C'est le genre où l'imagination a la plus libre carrière, puisqu'elle n'est point gênée par la vraisemblance et qu'elle peut recourir au merveilleux.

12. Ecrit presque toujours pour les enfants, le conte veut un style simple, léger, familier, et à la portée du premier âge. Il doit cacher, comme la fable, une moralité claire, facile à tirer du sujet, et qu'il convient toujours d'expliquer en peu de mots.

13. Si le conteur se dispensait de recourir au merveilleux, il rendrait sa narration vraisemblable et intéresserait plus

vivement l'enfance ; ainsi exposé, le conte, quoique futile de sa nature, peut contribuer à répandre les douceurs de la morale, et devenir par son but une composition sérieuse.

14. On peut rapporter à la narration badine, du moins pour la forme légère et familière, l'historiette et l'anecdote.

## QUESTIONNAIRE.

1. La narration proprement dite ne se divise-t-elle pas en plusieurs genres? — 2. Qu'est-ce que la narration historique? — 3. Il me semble que l'histoire n'est qu'une narration ; comment donc avec l'histoire ferai-je une narration historique? Il y a sans doute ici confusion dans les mots. — 4. Quelles qualités exige ce genre de narration? — 5. A quelles conditions la narration possédera-t-elle ces qualités? — 6. Quel sera le style de la narration historique? — 7. La narration poétique a-t-elle plusieurs règles? — 8. Cette règle de la vraisemblance impose sans doute des devoirs sérieux au narrateur? — 9. Est-il permis dans la narration poétique de ne pas suivre exactement les règles de la disposition? — 10. Quels ornements reçoit le récit poétique? — 11. Qu'est-ce que la narration badine? — 12. Quelle sorte de style le conte exige-t-il? — 13. Qu'arriverait-il si le conteur se dispensait de recourir au merveilleux? — 14. Quel genre de composition peut-on rapporter à la narration badine?

# Vingt-septième Leçon.

(Développements, pages 266 à 277.)

## SUITE DE LA NARRATION.

### § IV. — *Narration mixte.*

1. La *narration mixte* est ainsi nommée parce qu'elle tient à la fois de l'histoire et de la fiction. Elle n'exige pas une étude sévère des faits, et abandonne presque tous les détails aux caprices de l'imagination.

2. Dans la narration mixte l'écrivain tire son sujet de l'histoire; il s'empare d'un fait connu, dont il arrange les détails à sa convenance, ou il met en scène un personnage à qui il prête un langage convenable aux mœurs du temps.

3. Il suit de là qu'il faut : 1° se conformer pour le fond aux préceptes de la narration historique, c'est-à-dire observer la vérité, l'impartialité et l'unité; 2° suivre pour la forme et dans l'arrangement des circonstances les règles de la narration poétique.

## § V. — *Narration épistolaire.*

4. La narration épistolaire est le récit d'un événement exposé dans une lettre. Elle se distingue d'une simple nouvelle en ce qu'elle ne se borne point à dire que telle chose a eu lieu, mais comment elle est arrivée, et avec quelles circonstances remarquables.

5. Le fond de la narration épistolaire doit réunir, comme les lettres de nouvelles, la vérité et la certitude à la convenance, l'intérêt à la discrétion ; la forme tirera son mérite d'un style familier, rempli d'aisance, de grâce et de naturel.

## § VI. — *Narration merveilleuse.*

6. Par le mot *merveilleux* on entend en littérature l'intervention des êtres surnaturels dans un poème épique ou dramatique ; mais, quand il s'agit de narration, ce mot prend un sens plus restreint, et s'applique seulement aux récits religieux qui se dénouent par un miracle, admis volontiers par une foi simple et pure. C'est ce qui a fait donner à la narration merveilleuse le nom de *légende*.

7. La légende étant ordinairement puisée dans l'histoire des temps primitifs

ou du moyen âge, l'écrivain doit s'identifier, dans sa narration, à l'esprit de l'époque naïve à laquelle il l'emprunte.

8. Le style de la légende est simple, naturel, et respire la foi ; il tolère les expressions vieillies, les mots tombés en désuétude, pourvu qu'ils soient intelligibles pour un lecteur instruit.

## DÉCOMPOSITION.

9. En décomposant les narrations, il faudra considérer d'abord la narration en général, voir dans la forme quels sont les ornements du style, et dans le fond examiner la disposition et réduire la narration à quelques lignes.

10. Il faudra préciser ensuite à quel genre appartient la narration analysée, et dire si elle est conforme pour le fond et pour la forme aux préceptes particuliers aux six genres dont nous venons de parler.

## QUESTIONNAIRE.

1. Parlons de la narration mixte. Pourquoi la nommez-vous ainsi ? — 2. D'où l'écrivain tire-t-il son sujet ? — 3. Que suit-il de là ? — 4. Qu'est-ce que la narration épistolaire ? — 5. Quelles sont les qualités de ce genre de narration dans le fond et dans la forme ? — 6. Il nous reste à parler de la narration merveilleuse ; qu'entendez-vous par le mot *merveilleux ?* — 7. Quelles sont au fond les devoirs d'un écrivain qui écrit une légende ? — 8. Quelles sont les qualités du style de la légende ? — 9. Instruisez-nous des préceptes de la décomposition des narrations. — 10. Que faudra-t-il faire ensuite ?

# Vingt-huitième Leçon.

(Développements, pages 277 à 298.)

## CHAPITRE III. — DU DISCOURS.

1. Suivant les anciens rhéteurs, un discours pouvait appartenir à trois genres : le *genre démonstratif*, qui avait pour objet la louange ou le blâme ; le *genre délibératif*, par lequel on conseillait ou on dissuadait ; et le *genre judiciaire*, qui comprenait l'accusation et la défense devant les tribunaux. Cette division a été abandonnée par les rhéteurs modernes.

2. Ils ont créé quatre genres d'éloquence, qui embrassent les discours de toute nature, savoir : l'éloquence sacrée, l'éloquence politique, l'éloquence judiciaire et l'éloquence académique. On y ajoute quelquefois un cinquième genre, l'éloquence militaire.

### I. ÉLOQUENCE SACRÉE.

3. Instruire les hommes de leurs devoirs religieux, combattre les vices, enchaîner les passions, glorifier les vertus,

annoncer les vérités de la foi, donner des leçons à tous les rangs et à tous les âges, faire l'éloge des hommes justes, tel est l'objet de l'éloquence sacrée.

4. Jamais mission plus sublime ne fut donnée à l'homme. Aussi l'orateur chrétien ne tient-il pas à la terre; il est placé dans une chaire, et comme suspendu entre Dieu et ses auditeurs, pour servir de médiateur et d'interprète entre eux et ce maître suprême. C'est la parole de Dieu qui sort de la bouche de l'homme.

5. L'éloquence sacrée a des ressources inconnues aux autres genres d'éloquence. Les plus belles figures de pensées, les périodes nombreuses, les splendeurs du style forment son domaine. Trop élevée pour déguiser la vérité, elle rejette comme indigne d'elle l'artifice de la plupart des tropes.

6. Elle comprend les conférences, les sermons, les prônes, les instructions familières, les panégyriques religieux et les oraisons funèbres.

## II. ÉLOQUENCE POLITIQUE.

7. L'éloquence sacrée s'occupe des destinées éternelles des hommes, l'éloquence politique traite des destinées temporelles des peuples. L'orateur choisi par

ses concitoyens pour défendre la société contre les méchants, et faire des lois qui sauvegardent les droits et le bonheur de tous, a reçu une mission noble, importante, sacrée même : car sa personne est inviolable.

8. Pour être à la hauteur de son mandat, l'orateur politique devrait paraître dans l'enceinte législative dépouillé de tout préjugé, de toute passion, et armé de la froide raison qui met au-dessus de toute considération les intérêts de la patrie. Son style alors s'élèverait au sublime; il trouverait le secret d'émouvoir les cœurs; il entraînerait les esprits, et accomplirait de grandes et belles choses.

9. Un style toujours noble, dégagé de toute périphrase et de mots parasites, concis plutôt qu'abondant, souvent énergique, quelquefois véhément, est celui qui convient à l'éloquence politique.

### III. ÉLOQUENCE JUDICIAIRE.

10. L'éloquence judiciaire possède, mais moins que les deux genres précédents, un certain caractère de grandeur. L'avocat défend la fortune des familles, soutient les intérêts de l'orphelin, cherche à soustraire un innocent au supplice réservé au coupable. Malheureusement il fait aussi bien souvent le contraire.

11. Lorsqu'un fait est certain, il n'y a pas de plaidoirie possible, quelle que soit l'éloquence d'un orateur, la justice devant suivre aveuglément le texte de la loi, impassible, inexorable; mais c'est lorsqu'il y a doute, lorsque l'esprit et la lettre de la loi semblent se contrarier, qu'il est agréable d'entendre un bon avocat déployer tous ses moyens, disposer ses preuves, frapper et parer en même temps, et recourir quelquefois au pathétique.

12. L'éloquence judiciaire doit être principalement forte de preuves, pressante de raisonnements, adroite et déliée dans les discussions, impétueuse et passionnée dans les mouvements, et puissante à émouvoir les affections dans le cœur des juges.

13. Le style convenable à l'éloquence judiciaire varie suivant le genre des causes. Nul genre ne prête davantage à la diversité.

14. L'éloquence judiciaire comprend les plaidoyers civils et criminels, les réquisitoires, mercuriales, rapports et autres discours en usage au barreau.

## IV. ÉLOQUENCE ACADÉMIQUE.

15. L'éloquence académique est toute d'ostentation, et n'a d'autre but que le

plaisir de l'auditeur. Elle comprend les panégyriques civils et les discours d'apparat prononcés dans les solennités classiques et scientifiques.

16. C'est dans les discours du genre académique qu'il est permis d'user de toutes les richesses du style, de tout ce que l'art a de plus magnifique, de plus pompeux, de plus brillant, à la seule condition de distribuer les ornements avec goût et variété.

17. L'éloquence militaire n'a point de préceptes. C'est l'occasion qui fournit le sujet et le genre de style qui lui est propre.

## QUESTIONNAIRE.

1. Dans quels genres les anciens rhéteurs classaient-ils le discours ? — 2. Qu'ont fait les modernes ? — 3. Quel est l'objet de l'éloquence sacrée ? — 4. Est-il une mission plus sublime ? — 5. Quelles sont les ressources de l'éloquence sacrée ? — 6. Que comprend-elle ? — 7. De quelles choses traite l'éloquence politique ? — 8. Quels sont les devoirs de l'orateur politique ? — 9. Quel genre de style convient à l'éloquence politique ? — 10. L'éloquence judiciaire est-elle aussi grande que les deux genres précédents ? — 11. Dans quels cas est-il agréable d'entendre parler un avocat ? — 12. Quelles sont les qualités de fond de l'éloquence judiciaire ? — 13. Quel style exige ce genre d'éloquence ? — 14. Quels discours comprend-il ? — 15. Quel est le but de l'éloquence académique ? — 16. N'est-ce point dans les discours du genre académique qu'il est permis d'user de tous les moyens de l'élocution ? — 17. Y a-t-il des préceptes pour l'éloquence militaire ?

## Vingt-neuvième Leçon.

(Développements, pages 298 à 314.)

### SUITE DU DISCOURS.

1. Les discours qui font partie des exercices classiques peuvent être définis ainsi : *allocutions de circonstance et de peu d'étendue, que les données de l'histoire ou des suppositions raisonnables permettent de placer dans la bouche de certains personnages.*

2. Ces allocutions comprennent les exhortations et les harangues.

### I. EXHORTATIONS:

3. L'exhortation est un discours par lequel on engage quelqu'un à faire une chose qu'il est libre de faire ou de ne pas faire.

4. Elle participe par quelque côté à la nature des quatre genres d'éloquence; mais ce qui la distingue d'un discours, c'est la brièveté : il ne lui est pas permis, en effet, de chercher de longs développements et de se jeter dans l'amplification des preuves.

5. L'exhortation parle principalement au cœur, et se sert des mouvements pathétiques. Son style doit être simple et familier dans la plupart des cas, quelquefois noble, très-rarement élégant et fleuri.

### II. HARANGUES.

6. La harangue, en général, est un discours peu étendu, prononcé devant une assemblée, un prince, ou dans une cérémonie publique. A ce point de vue, elle appartient à tous les genres d'éloquence; mais dans les essais classiques elle est beaucoup plus restreinte, et se réduit à deux espèces : la harangue historique, et la harangue militaire.

7. La harangue historique est un discours qu'on trouve chez les historiens, quand ils cèdent la parole au personnage qu'ils ont mis en scène. On en trouve beaucoup d'exemples dans l'histoire ancienne; mais ces harangues ont été inventées la plupart par l'historien lui-même.

8. Il est facile de créer des sujets pour servir de textes aux harangues de l'école. On cherche dans l'histoire quand un personnage a paru devant une assemblée, ou quand deux personnages se sont rencontrés; on suppose qu'ils ont parlé, et on

met dans leur bouche les paroles qu'ils ont pu prononcer.

9. La harangue historique doit posséder le style convenable à l'histoire, c'est-à-dire la gravité et l'élévation, tempérées en certains cas par l'aisance et une certaine familiarité.

10. La harangue militaire est un discours par lequel un général d'armée anime ses soldats avant le combat, ou les félicite de leur valeur après une bataille. Ici, la brièveté, l'énergie et l'à-propos font tout le mérite du style.

### QUESTIONNAIRE.

1. Comment peuvent se définir les discours qui font partie des exercices classiques? — 2. Que comprennent ces allocutions? — 3. Qu'est-ce que l'exhortation? — 4. D'après votre définition l'exhortation serait du domaine de tous les genres d'éloquence; n'est-il rien qui la distingue? — 5. Quelles sont au fond et dans la forme les qualités de l'exhortation? — 6. Qu'est-ce que la harangue en général? — 7. Qu'est-ce que la harangue historique? — 8. Est-il facile de trouver des sujets de harangues? — 9. Quel est le style convenable à la harangue historique? — 10. Définissez la harangue militaire, et précisez son genre de style.

---

## Trentième Leçon.

Voir le Tableau synoptique ci-contre.

**Trentième Leçon.** (A faire répéter au tableau.)

## TABLEAU SYNOPTIQUE DES DIVERS GENRES DE COMPOSITION

### QU'ON PEUT ÉTUDIER PENDANT UN COURS DE RHÉTORIQUE.

| | GENRES. | ESPÈCES. | SOUS-DIVISIONS. | QUALITÉS DE LA COMPOSITION. |
|---|---|---|---|---|
| | LETTRES | de compliment. | Fêtes. — Anniversaires. | Brièveté. Application de circonstances particulières. |
| | | de félicitation | | Point d'exagération, ni de réticence. |
| | | de condoléance. | | Sentiment religieux. Point de philosophie. Style abondant. |
| | | de demande | | Sincérité. Franchise dans l'exposé des motifs. |
| | | de remercîment | | Naturel. Point de contrainte. Mouvements du cœur. |
| | | d'excuses. | | Simplicité. Précautions oratoires. |
| | | de nouvelles | | Vérité. Certitude. Convenance. Intérêt. Discrétion. |
| | | de recommandation. | | Style abondant ou concis, suivant le cas. |
| | | de conseils. | | Réticences polies. Figures de doute. |
| | | de reproches | | Politesse. Gravité. |
| | NARRATIONS. | Définition | | Genre, rapports et différences. Brièveté. |
| | | Portrait. | Physique, moral, littéraire, historique. | Fidélité. |
| | | Caractère. | | Généralité. |
| | | Parallèles. | | Antithèses de formes variées. |
| | | Dialogues | | Vivacité. Abandon. Simplicité. Oppositions. |
| | | Allégories | | Emploi des tropes. Discrétion dans le style. Brièveté. |
| POSITION | | Fables | | Naïveté. Figures pittoresques. |
| | | Apologues | | Ton plus relevé que dans la fable. |
| | | Description. | | Richesse, pompe, élégance. |
| | | Tableau | | Phraséologie coupée. Hypotypose. |
| | | Narration proprement dite. | Historique. | Vérité. Impartialité. Unité. Gravité. |
| | | | Poétique | Vraisemblance. Disposition saillante. Moralité. Ornements |
| | | | Badine | Simplicité. Familiarité. Moralité. |
| | | | Mixte | Réunion des qualités des narrations historique et poétique. |
| | | | Epistolaire. | Qualités de la lettre de nouvelles, familiarité, petites circonstances. |
| | | | Merveilleuse. | Simplicité. Sentiment religieux. |
| | DISCOURS. | Genres divers | Sacré. Politique. Judiciaire. Académique. | |
| | | Exhortations | | Pathétique. Tons divers. |
| | | Harangues. | Historique. | Gravité. Elévation. |
| | | | Militaire. | Concision. Energie. |

# PETIT TRAITÉ

## DE

# VERSIFICATION.

La poésie étant un don de la nature, le rhéteur ne peut avoir la prétention de former des poètes. Mais l'étude de la rhétorique serait incomplète si l'on négligeait d'apprendre les règles de la versification : car il faut au moins savoir distinguer les bons vers, ceux où les règles sont observées, de ceux qui sont incorrects et irréguliers. D'ailleurs, qui ne fait pas en sa vie des vers de circonstance ou un compliment rimé? C'est une petite fantaisie que l'on peut se passer sans être le moins du monde un Racine ou un Boileau. Nos parents ou amis, à qui nos chefs-d'œuvre s'adressent, nous savent gré de notre bonne volonté; ils n'exigent point de nous des efforts de génie, mais ils veulent que notre versification soit exacte ; car c'est là que se montre le mérite du travail.

La versification est l'art d'arranger les mots d'une manière mesurée et cadencée, et d'en faire des vers.

Les vers français sont composés d'un certain nombre de syllabes, dont les dernières ont la même consonnance.

Pour bien faire les vers, on doit faire attention 1° à la mesure et au rhythme ; 2° à l'hémistiche, au repos et à la césure; 3° à l'élision ; 4° à la rime ; 5° à la disposition des vers ; 6° à l'enjambement, à l'hiatus et à la licence.

### 1. DE LA MESURE ET DU RHYTHME.

La *mesure* du vers français est déterminée par le nombre des syllabes ; c'est elle qui indique chaque espèce de vers. Si une syllabe manque à un vers, il y a défaut de mesure, la mesure n'y est pas.

Le *rhythme* est ce qui distingue le vers de la prose. Dans celle-ci la phrase marche libre de toute mesure et n'est assujétie qu'à l'ordre général du style. Dans la poésie la phrase est cadencée, et ses membres, proportionnés entre eux, sont soumis aux lois de la mesure; c'est là ce qui constitue ce qu'on appelle le *rhythme*.

Il est assez difficile, quand on est jeune, d'apercevoir par les explications théoriques la différence qu'il y a entre le rhythme et la mesure. Un exemple va nous aider. Si je dis :

Celui qui met un frein à la fureur des flots,

j'énonce un commencement de proposition qui peut entrer aussi bien dans la prose que dans la poésie; cependant en l'examinant d'après les règles de la mesure, je reconnais que c'est un vers de douze syllabes. Comme il arrive souvent que des auteurs, ayant ou non un style poétique, font des vers sans y prendre garde, je passe outre, et je continue en disant :

Sait aussi des méchants arrêter les complots.

Ici je vois un second membre de phrase exactement proportionné au premier, et à cette proportion exacte je reconnais le rhythme poétique. Remarquez que la rime n'est pour rien dans mon appréciation; car si la proposition était exprimée ainsi :

Celui qui met un frein à la fureur des *vagues*
Sait arrêter aussi les complots des méchants,

le rhythme poétique ne serait pas moins sensible, parce qu'il y aurait proportion exacte dans les deux membres de la proposition.

Mais si au contraire je lisais :

Celui qui met un frein à la fureur des flots
Sait aussi des méchants arrêter les *noirs* complots,

le rhythme poétique serait brisé, et je n'aurais plus qu'un rhythme irrégulier, tel qu'il se rencontre quelquefois dans la prose.

Ainsi le rhythme n'embrasse que les parties d'une proposition : proportionnant exactement d'après les règles de la mesure ; la mesure, au contraire, s'étend à toutes les propositions d'un morceau poétique, et est assujétie à une quantité prosodique fixée par le mètre des vers.

Les vers se mesurent de dix manières différentes, c'est-à-dire qu'ils contiennent plus ou moins de syllabes, suivant le mètre adopté pour leur arrangement. Ils sont de une, deux, trois, quatre, cinq, six, sept, huit, dix et douze syllabes. Il n'y a donc pas de vers de neuf, de onze et de treize syllabes et au-dessus, parce que ces mètres se prêtent peu au rhythme, et qu'ils produisent sur l'oreille un effet désagréable.

### *Vers de douze syllabes.*

Du lieu saint à pas lents je montais les degrés
Encor jonchés de fleurs et de rameaux sacrés.
Le peuple prosterné sous ces voûtes antiques,
Avait du roi-prophète entonné les cantiques.

(C. D.)

Ce vers est nommé alexandrin ou héroïque. Il convient à la haute poésie, aux sujets nobles, à cause de son rhythme grave et majestueux.

### *Vers de dix syllabes.*

O mes amis, que Dieu vous garde un père !
Le mien n'est plus!... — De la terre étrangère,
Seul dans la nuit, et pâle de frayeur,
S'en revenait un riche voyageur.

(M.)

Ce vers est gracieux et léger. C'est celui qui convient le mieux au récit. Son rhythme est doux et agréable à l'oreille.

### *Vers de huit syllabes.*

Déjà la rapide journée
Fait place aux heures du sommeil,
Et du dernier fils de l'année
S'est enfui le dernier soleil.

(Me A. T.)

Le rhythme de ce vers est doux et majestueux à la fois; il convient à l'ode et à la poésie légère.

### *Vers de sept syllabes.*

Des cavaliers au pas leste,
Alignés sur son chemin,
Tous vêtus de bleu céleste,
Marchent le mousquet en main.

(B.)

Ce vers s'emploie dans les mêmes sujets que le vers de huit syllabes.

### *Vers de six syllabes.*

En vain sous un ciel pur
Une eau que rien n'enchaîne
Dans une riche plaine
Roule ses flots d'azur.

(J.)

Ce vers convient à la poésie pastorale; son rhythme est gracieux et naïf.

### *Vers de cinq syllabes.*

Dans ces prés fleuris
Qu'arrose la Seine,
Cherchez qui vous mène,
Mes chères brebis.

(Me D.)

Ce vers s'emploie dans les mêmes sujets que le vers de six syllabes.

### *Vers de quatre syllabes.*

Pauvre petite,
Pénètre vite
Dans la prison
Au noir donjon.

(S.)

Le rhythme de ce vers, ainsi que des vers de trois, deux et une syllabe, est fatigant. Aussi ne les emploie-t-on qu'à la fin des strophes et des couplets. Cependant on les place quelquefois au milieu de vers d'une mesure plus longue, quand on veut obtenir un effet de surprise, ou faire remarquer une expression.

### *Vers de trois syllabes.*

Pauvre fille
Sans famille,
Pour mourir
Doit souffrir.

(J. T.)

### *Vers de deux syllabes.*

Encore
Le Maure
Autour
Du four!

(A.)

Il est facile de remarquer combien ce rhythme, ainsi que le précédent, est disgracieux, employé seul. Il fait au contraire très-bon effet quand on le mêle à un autre, comme dans cette strophe de Chateaubriand :

Combien j'ai douce souvenance
Du joli lieu de ma naissance!
Ma sœur, qu'ils étaient beaux ces jours
*De France!*
O mon pays, sois mes amours
*Toujours.*

### *Vers d'une syllabe.*

On ne peut faire une suite de vers d'une seule syllabe. Le plus grand talent ne pourrait se tirer d'un pareil travail. Le vers d'une syllabe fait un effet original partout où il se trouve :

Nous voyons des commis
*Mis*
Comme des princes;
Qui jadis sont venus
*Nus*
De leurs provinces.

La fable suivante renferme les dix espèces de mesure.

12. O mort! viens terminer ma misère cruelle,
10. S'écriait Charle, accablé par le sort.
8. La mort accourt du sombre bord,
7. C'est bien ici qu'on m'appelle?
6. Or ça, de par Pluton,
5. Que demande-t-on?
4. Je veux, dit Charle;
3. Tu veux, parle.
2. Eh bien!
1. Rien.

Chaque réunion de deux syllabes forme un pied. On dit vers de six pieds, de trois pieds, de trois pieds et demi, etc., suivant que le vers a douze, six ou sept syllabes, etc.

En écrivant, on a soin de placer toujours une lettre capitale au commencement de chaque vers. Cette habitude, dont on ignore l'origine, sert à marquer la fin du mètre, de telle sorte qu'on reconnaîtrait des vers à la seule inspection d'une composition écrite, lors même que le rhythme ne nous guiderait pas et que chaque vers n'occuperait pas une seule ligne.

## 2. DE L'HÉMISTICHE, DU REPOS ET DE LA CÉSURE.

1. Les vers de douze syllabes sont coupés en deux parties égales. Chacune de ces parties se nomme *hémistiche* (1). Les vers de dix syllabes ont également deux hémistiches,

---

(1) Les rhéteurs disent que l'*hémistiche* est *un repos obligé après la sixième syllabe dans le vers alexandrin*. Cette définition est du *galimatias simple*. Si l'hémistiche était un repos, comment comprendrait-on ces vers de Boileau :

> Que toujours dans vos vers, le sens coupant les mots,
> Suspende l'hémistiche, en marque le repos.

Boileau a-t-il voulu dire : *suspende le repos*, *marque le repos du repos*. C'est impossible.

Il faut donc reconnaître ou que les rhéteurs commettent une erreur, ou qu'ils font une métonymie barbare, qui n'est justifiée ni par les principes qui régissent ce trope, ni par l'usage.

mais inégaux ; car le premier est de quatre syllabes, et le second de six syllabes.

Va donc prier pour moi ! — dis pour toute prière :
Seigneur, Seigneur, mon Dieu, — vous êtes notre père.

---

Pour mon enfant, — tourne, léger fuseau,
Tourne sans bruit — autour de son berceau.

Les autres espèces de vers n'exigent point cette division.

Il faut prendre garde de faire rimer le premier hémistiche d'un vers, soit avec le second, soit avec les deux du vers suivant. Dans ces vers :

La neige au gré des vents, comme une épaisse laine,
Voltige à gros floc*ons*, tombe, couvre la plaine
Et conf*ond* les vall*ons*, les chemins, l'hori*zon ;*
Les m*onts ont* disparu.....

Il y a rime disgracieuse dans les hémistiches se terminant à *flocons*, *vallons*, *horizon*, sans parler de ce bourdonnement insupportable produit par le retour de la syllabe *on*.

Cependant il y a quelquefois de la grâce à faire rimer entre eux les deux premiers hémistiches d'un vers, mais il ne faut le faire que pour obtenir des mouvements oratoires.

Qui cherche *vraiment Dieu* dans lui seul se repose,
Et qui craint *vraiment Dieu* ne craint rien autre chose.
(G.)

En plaçant les mots *vraiment Dieu* à la fin des deux premiers hémistiches, le poète a une intention évidente, c'est de faire ressortir par la répétition et la rime, la force de la *véritable crainte de Dieu.*

2. Le *repos* sert à marquer l'hémistiche, soit au milieu du vers soit à la fin.

Le repos du premier hémistiche ne doit pas être aussi sensible que celui du second ; il suffit qu'il n'y ait pas une liaison nécessaire entre la syllabe qui finit le premier hémistiche et celle qui commence le second. Le repos final doit être plus marqué, lors même que le sens d'une proposition ne serait pas fini, et c'est ce qui se présente souvent ; car on ne peut encadrer chaque phrase en un vers, et le pourrait-on, il en résulterait une uniformité telle que la lecture et l'audition des vers seraient insupportables.

L'art du versificateur consiste à ménager les degrés du repos, pour le plus grand charme de l'oreille. Tantôt le repos sera long, tantôt court, quelquefois il sera à peine sensible. Cette variété dans les repos délasse et récrée. On en jugera par les vers suivants :

Mais sur l'homme assoupi | Morphée est descendu. —
Sa paupière est fermée | et son corps étendu. —
Qui remplira le vide | où le sommeil le plonge? —
Les souvenirs portés | sur les ailes d'un songe. —
Dans ces tableaux trompeurs, | par eux seuls animés, —
Il reprend ses travaux, | ses jeux accoutumés. —
Le berger endormi | tient encore sa houlette, —
Le poéte son luth, | le peintre sa palette.

(LEG.)

3. Lorsque le repos final disparaît ou qu'un vers se brise dans le premier ou le second hémistiche, il y a *césure*. La césure, ainsi que l'indique son étymologie latine, coupe le vers, non point à la fin du premier hémistiche, — ce qui n'est qu'un repos, — mais dans tout autre endroit du vers. Elle peut être à la première syllabe comme aux suivantes, excepté à la sixième dans le vers alexandrin, et à la quatrième dans le vers de dix syllabes :

. . . . . . . . . . . . . . Et souvent *la césure*
Plaît, je ne sais comment, en rompant la mesure.

(VOLT.)

Dans ces vers il y a césure au mot *plaît ;* le repos est après *comment.* Quoi qu'en dise Voltaire, ce n'est pas la mesure que la césure rompt; car la mesure a ses lois qu'on ne peut transgresser; mais c'est le rhythme qui est rompu par la césure, parce qu'il n'y a plus alors de proportion entre les membres de la proposition.

Quand la césure est employée avec goût, elle produit de véritables beautés :

L'univers ébranlé s'épouvante. — Le Dieu
De Rhodope ou d'Athos réduit la cime en feu.

(DEL.)

Il est facile de voir comment la césure placée après *s'épouvante* fait un effet admirable. L'effroi arrête le courage, glace le cœur ; un être épouvanté n'a plus la conscience de ses actes, il ne songe plus aux lois qui le régissent, son état normal est bouleversé. La césure, en rompant le rhythme, imite cet effet extraordinaire, et nous le fait remarquer malgré nous.

Je l'ai trouvé couvert d'une affreuse poussière,
Revêtu de lambeaux, tout pâle; — mais son œil
Conservait sous la cendre encor le même orgueil.
(RAC.)

La césure qui est après le mot *pâle* nous arrête sur le sort déplorable de Mardochée; notre pitié est vivement excitée, et plus nous gémissons sur le sort du juste persécuté, plus nous admirons son héroïsme, quand le rhythme se relève vivement dans le magnifique vers qui suit. Tel est l'effet que doit faire toute césure.

Si la césure est placée sans goût pour le simple besoin de la phrase, pour obtenir un effet puéril, ridicule, ou pour arrêter la pensée sur un objet horrible, monstrueux, etc., elle manque totalement son but et devient une faute impardonnable.

Dans les deux vers de Voltaire que j'ai cités plus haut, la *césure* paraît au premier abord de nul effet; c'est une beauté néanmoins, uniquement parce qu'elle donne l'exemple tout en exposant l'effet du précepte. Mais dans les exemples suivants, les césures ne sont que de plates chutes où l'affectation se mêle à la nullité du but :

Je m'endors, et ma sœur, et mon père éperdus
Se disaient : « Il s'endort pour ne s'éveiller plus.

---

Auprès d'elle le chef de l'agreste sénat
Et le sage vieillard qui lui donna la vie
Marchent; — d'un chœur pieux, etc.

---

. . . . . . . . . . . . . . L'impétueux coursier,
Non loin de la retraite où l'ennemi repose,
Arrive; — l'assaillant en ordre se dispose.

Dans le premier exemple, l'auteur nous initie à la connaissance d'une nouvelle qui n'a rien de dramatique, puisqu'il n'a point succombé à la maladie qu'il raconte. *Il s'endormait*, il n'y a rien là de bien effrayant pour un père et pour une sœur, au contraire; pourquoi donc cette césure : ***Se disaient?***

Dans les deux autres, les césures sont de vrais contresens. Dans le moment où une troupe *marche*, où *un coursier impétueux arrive*, le vers doit être vif et précipité, et c'est méconnaître les lois du plus simple bon sens que d'arrêter court le rhythme par la césure.

Pour terminer ces observations, je recommande à l'élève de se souvenir que le rhythme poétique n'est pas une prose brisée, qu'une phrase qui tombe lourdement et platement d'un vers à l'autre n'amène pas une césure, qu'elle ne fait que deux mauvais vers, et par conséquent deux mauvaises lignes.

### 3. DE L'ÉLISION.

L'*élision* est la suppression d'une voyelle finale à la rencontre d'une autre voyelle.

Sans parler de l'élision grammaticale, dont les règles sont applicables aux vers aussi bien qu'à la prose, il n'y a en poésie qu'une seule élision, c'est celle de l'*e* muet devant une voyelle. Ainsi la syllabe qui se termine par cette lettre suivie d'une voyelle ne compte pas dans la mesure.

Rani*me* un fai*ble* espoir que cha*que* instant détruit.

Ce vers a quinze syllabes, mais l'élision retranche de la mesure les syllabes *me*, *ble*, *que*.

Devant un *h* non aspiré, l'élision est aussi de rigueur.

Sa triste indépendan*ce* habite les forêts.
Voilà l'erran*te* hirondelle
Qui rase du bout de l'aile
L'eau dormante des marais.

Si l'*e* muet est suivi d'une consonne, ou d'un *h* aspiré, la syllabe se compte.

Quel*le* honte pour moi! quel triom*phe* pour lui!

Le premier hémistiche d'un vers ne peut se terminer par un *e* muet s'il n'y a pas élision. Le vers suivant contiendrait cette faute.

C'est dans l'infortu*ne* qu'on connaît ses amis.

Pour le rendre régulier, il faudrait chercher une tournure qui permettrait de placer l'élision, par exemple :

Est-on dans l'infortune? on connaît ses amis.

Mais si au repos l'élision est nécessaire, elle ne l'est point à la césure. Ainsi on peut dire indifféremment, ou sans élision :

L'univers ébranlé s'épouvan*te*. — Le Dieu,

ou bien avec élision :

L'univers ébranlé s'épouvan*te* — et le Dieu...

En ce dernier cas, la césure est moins marquée.

L'*e* muet final précédé d'une voyelle ne peut entrer dans un vers. Les mots *Marie-Thérèse*, *Marie-Louise*, *Sophie d'Argence*, *etc.*, sont, pour cette raison, exclus de la langue poétique.

Si l'*e* muet précédé d'une voyelle est suivi de consonnes qui ne modifient point la prononciation ou la quantité prosodique, l'entrée du vers lui est défendu ; il devient alors nécessaire de rejeter ces mots à la fin du vers. On ne pourrait pas dire :

Tes perfidi*es*, cruel, causeront mon trépas.

*es* ferait une syllabe de trop, quoique muette.

Tes foli*es*, mon fils, causeront mon trépas.

*es* ne compterait pas pour une syllabe.

Il en est de même de :

Voilà donc les trésors { qu'envient tous les humains. / qu'envient les humains.

Dans le premier de ces deux hémistiches, *ent* est de trop ; dans le second, il ne suffit pas ; et comme il n'y a pas d'élision possible dans tous ces cas, il faut bannir du vers ces syllabes parasites, et les rejeter à la fin. C'est là, à la fin, que sont bien placés ces sortes de mots. Les vers suivants seraient bons :

Mon trépas, fils cruel, *vient* de tes perfidies.
Mon trépas est causé, mon fils, par tes folies.
Voilà donc les trésors que les mortels en*vient*.

On remarquera dans le premier de ces vers le mot *vient*, et dans le dernier la syllabe *vient* dans *envient*. *Vient*, à cause de sa prononciation nasale, peut entrer dans le vers, et *vient*, restant syllabe inarticulée, n'a pas ce privilége. Ainsi, chaque fois que le son muet disparaîtra, l'entrée du vers sera libre, parce que d'une part le rhythme sera rétabli, et que d'autre part la mesure n'en souffrira pas. Dans le vers :

> Voilà donc les trésors qu'env*ient* tous les humains,

le rhythme est satisfait, l'oreille n'est point offensée ; mais la mesure repousse cette introduction dans le vers des trois lettres *ent* qui forment syllabe muette. Dans l'autre vers :

> Voilà donc les trésors qu'envient les humains,

la mesure n'a rien à dire; mais à son tour le rhythme se fâche : il n'entend pas deux hémistiches bien proportionnés, et il condamne le vers. Dans

> Mon trépas, fils cruel, *vient* de tes perfidies,

la mesure et le rhythme ont fait alliance et sont tombés d'accord, parce qu'il y a contraction des sons *vi* et *ent*, qui ne font plus qu'une syllabe. C'est là ce que veut la mesure ; et le rhythme n'en demande pas davantage.

C'est par la même raison que, dans certains temps des verbes, *ent* est fondu avec la consonnance précédente et ne compte point dans la mesure.

> C'ét*aient* fleurs et rubans, plumes qui s'agitaient,
> Des ombres qui dans*aient* au son de la musique.
>
> (Mme JANV.)

*C'étaient*, *dansaient*, au pluriel, ont une prononciation plus longue qu'au singulier, *c'était*, *dansait*.

Je me suis étendu un peu sur ces observations, afin de bien faire distinguer à l'élève la mesure du rhythme.

Quand l'*e* muet, suivi ou non de consonnes, est mis à la fin du vers, il n'y a pas proprement élision, mais les règles de la mesure une fois observées dans le corps du vers, ne sont plus applicables. Ici c'est la rime qui élève la voix et réclame des syllabes muettes, comme nous allons le voir.

### 4. DE LA RIME.

La rime est le retour du même son à la fin de deux ou de plusieurs vers mis en rapport.

La rime est la première condition de la poésie française. Il ne faut pas néanmoins s'exagérer les difficultés qu'elle offre.

Qu'est-ce donc que la rime? une chaîne légère
Que s'impose l'esprit, que l'école exagère;
Un charme à la mesure ajouté savamment,
Mais qui ne doit gêner l'art ni le sentiment;
Qui, juste sans effort, élégant sans emphase,
Soumis à la pensée et soumettant la phrase,
De la mode et du temps a pu subir les lois,
Mais dont il faut garder et soutenir les droits.

(P^sse DE SALM.)

Sous la plume des poètes, la rime coule avec grâce et sans effort; sous celle du versificateur, elle est contrainte et n'obéit souvent qu'aux dépens de la précision et du sens.

Il y a deux sortes de rimes : la rime masculine et la rime féminine.

### *I. Rime masculine.*

1. La rime masculine est celle qui se termine par un son plein où ne figure point l'*e* muet.

Ex. : *Ardeur*, *candeur*, - *vérité*, *bonté*, - *désir*, *plaisir*.

2. La rime masculine n'étant que pour l'oreille et non pas pour les yeux, on doit, en la cherchant, se guider par le son plutôt que par l'orthographe.

*Genoux*, *vous*, — *chemin*, *main*, — *prompt*, *affront*, *etc.*, riment ensemble.

3. Par suite de la même règle, les syllabes qui ont la même orthographe, mais qui n'ont pas le même son, ne riment pas ensemble.

*Je reconnais*, *fois*, — *altiers*, *fiers*, — *etc.*, sont de mauvaises rimes.

4. Le pluriel ne rime pas avec le singulier. — *Enfer*, *divers*, — *amour*, *jours*, — *lieux*, *jeu*, — *etc.* Ces rimes seraient bonnes en les mettant ou toutes au singulier ou toutes au pluriel.

5. Lorsqu'une seule des syllabes porte les signes du pluriel (s, x), les deux mots, quoique au singulier, ne forment pas une rime. — *Exploit* ne rime pas avec *bois*, *courroux* avec *goût*, *trépas* avec *état*, *etc.*

6. Un mot composé ne rime pas avec son radical : *Fait*, *défait*, — *dit*, *contredit*, — *etc.* Ces rimes sont mauvaises.

7. Un mot ne rime avec lui-même que lorsqu'il est pris dans un sens tout à fait différent.

Assis sur l'herbe tendre, à l'ombre d'un pêcher,
Dans le Rhône aux flots bleus je m'amuse à pêcher.

### II. *Rime féminine.*

1. La rime féminine est celle qui se termine par un *e* muet, soit qu'il se trouve seul, soit que plusieurs lettres l'accompagnent, mais sans en changer le son (1).

2. Pour qu'il y ait rime féminine, il faut que la consonnance commence à la pénultième, c'est-à-dire qu'on ne doit pas avoir égard à la syllabe ou à la lettre muette, et qu'en la supprimant mentalement, il reste encore une rime masculine suffisante et régulière.

N'avez-vous point de nuit fiévreuse et déli*ran*—te,
Où la voix du désir, tout le jour expi*ran*—te,
Parle à votre chevet. . . . . .

---

Grâce à vous, échappant à cette mort af*freu*—se,
Affermissant ses pas sur la route pier*reu*—se,
Comme un guide il vous suit. . . . . . .

---

Puis, quand il est sorti de ces gorges mau*di*—tes,
Vous vous tournez vers lui, mon père, et vous lui *di*—tes :
(A. D.)

Comme on le voit, la consonnance de la rime se fait entendre aux pénultièmes *ran*, *reu*, *di*.

Il n'y aurait donc pas rime dans les mots : *Sour*—ce,

---

(1) Plusieurs rhéteurs modernes disent que *la rime est féminine quand elle se termine par un* e *muet seul*, *ou suivi de* s, nt.

C'est encore une définition faite pour égarer l'esprit des élèves. *Diraient*, *feraient*, prudem*ment*, savam*ment*, *ment*, *etc.*, et tous les mots de même terminaison où le son muet disparaît, feraient donc des rimes féminines! Or, ce sont des rimes masculines.

*for*—ce, *servi*—ce, *espa*—ce, etc., parce que les consonnances *our*, *or*, *vi*, *pa*, n'offrent aucune espèce d'analogie.

3. Pour distinguer une rime féminine d'une rime masculine, le versificateur doit se guider par le son. Si, la mesure du vers étant complète, le son appuye sur la dernière syllabe, la rime est masculine, qu'il reste ou non des lettres purement orthographiques. Si, au contraire, le son plein expire sur la pénultième, et qu'il ne reste qu'une syllabe muette, la rime est féminine.

Tous les siècles y sont, tous les âges y *vien*—nent,
Usés par les genoux, les marbres y *compren*—nent.

---

C'étaient fleurs et rubans, plumes qui s'agitai—ent,
Des plateaux surchargés que des valets portai—ent.

Il est aisé de voir que les premières rimes sont féminines, parce qu'il reste après la mesure complète une syllabe muette (*nent*); et que les deux dernières sont masculines, parce que *ent* dans *s'agitaient*, *portaient*, ne compte point dans le son pour une syllabe même muette.

4. Les autres règles des rimes féminines sont les mêmes que celles des rimes masculines.

## DÉNOMINATIONS DIVERSES DES RIMES.

1. Rimes riches. — La rime riche est celle qui commence au moins à la pénultième dans le vers masculin, et à l'antépénultième dans le vers féminin.

Et pour mieux apaiser ses mânes ir—*rités*,
Rendons-lui les honneurs qu'il a trop mé—*rités*.

---

Fuyez de mes plaisirs la sainte aust—*érité*;
Tout respire ici Dieu, la paix, la v—*érité*.

---

... Ne l'abusera point par des promes—ses vaines
Tant qu'un reste de sang coulera dans—ses veines.

(RAC.)

On donne encore le nom de *rime riche*, mais évidemment par extension, à celle qui offre une grande conformité de sons et d'articulations. Alors une rime sera riche si les lettres qui servent d'appui à la voyelle sont semblables dans les deux vers correspondants : Stu-*peur*, va-*peur*, cou-*rage*, *rage*.

2. Rimes pauvres. — La rime est pauvre quand elle n'offre que la répétition du même son, dans sa plus grande simplicité : Vert-*u*, vainc-*u*, — lu-*i*, infin-*i*, — bont-*é*, décid-*é*, etc. Il faut éviter ces sortes de rimes qui sont bien près d'être insuffisantes et même mauvaises, et qu'on trouve néanmoins dans de bons auteurs.

Remarquez que la rime n'est pauvre qu'autant que le son est réduit à sa plus grande simplicité. Si donc le son est augmenté, comme cela arrive dans toutes les rimes féminines, ou qu'à la voyelle rimant isolément, se joigne une consonne semblable dans les deux rimes, la faute sera moindre et la rime suffisante.

> Au bout de quelque temps, on la crut adouc—*ie*.
> Comment passiez-vous votre v—*ie?*
> Les députés du peuple r—*at*
> Vinrent chercher secours contre le peuple ch—*at*.
>
> (LAF.)

Néanmoins ces rimes ne sont admises que dans la poésie légère. Il faut être plus sévère dans les sujets relevés, surtout quand on compose des vers alexandrins. Si le vers se termine par une seule voyelle, il lui faut une lettre pour appui, bon—*té*, chari—*té*, — vé—*cu*, vain—*cu*, — éver—*tue*, tor—*tue*, etc.

Il ne faut pas prendre pour des rimes pauvres celles où le son simple est modifié, quand même la voyelle ne serait point appuyée par une consonne ; j—*our*, t—*our*, — fur—*eur*, sauv—*eur*, — r—*oi*, m—*oi*, — éclat—*ant*, trembl—*ant*, — nect—*ar*, nénuph—*ar*, etc., sont de très-bonnes rimes, parce que le son est plein, distinct, et résultant de la combinaison de la voyelle avec une autre voyelle ou des consonnes.

Quelques auteurs mettent aussi au nombre des rimes pauvres, sult—*an*, inst—*ant*, dé—*mon*, *mont*, ess—*or*, *fort*, etc. Je conviens que ce sont là de pauvres rimes, dont on ne trouve des exemples que chez les auteurs qui se soucient peu de la pureté de la versification. Le son est, il est vrai, la principale condition de la rime, mais la ressemblance orthographique ne la gâte point, et de deux pièces de vers égales en mérite, on devra préférer celle où la rime joindra à la consonnance l'exactitude orthographique des mots.

RIME PLEINE. — C'est celle où non-seulement le son, mais l'articulation est la même, lu—*tin*, ma—*tin*, infi—*nie*, ago—*nie*, et à laquelle certains auteurs donnent le nom de *rime riche*.

FAUSSE RIME. — Il y a *fausse rime*, quand le premier hémistiche rime ou avec le second, au même vers, ou avec le premier du vers suivant. Nous en avons cité un exemple, page 121.

RIME FAUSSE. — C'est celle qui est formée par deux mots qui n'ont qu'une apparence de conformité dans le son final, comme *bouche*, *fourche*, — *glissent*, *gisent*, — *objet*, — *abject*, — etc.

RIMES PLATES. — Les rimes sont plates quand elles se suivent par couples, deux étant masculines et deux féminines.

Oui, je viens dans son temple adorer l'Eternel ;
Je viens, selon l'usage antique et solennel,
Célébrer avec vous la fameuse journée
Où sur le Mont-Sina la loi nous fut donnée.

Ces rimes sont les seules adoptées dans la haute poésie.

RIMES CROISÉES. — Rimes masculines et féminines entrelacées, de façon qu'un ou deux vers masculins se trouvent entre deux vers féminins, *et vice versâ*.

Qu'il est doux, quand du soir l'étoile solitaire,
Précédant de la nuit le char silencieux,
S'élève lentement dans la voûte des cieux,
Et que l'ombre et le jour se disputent la terre,
Qu'il est doux de porter ses pas religieux
Dans le fond du vallon, vers ce temple rustique,
Dont la mousse a couvert le modeste portique,
Mais où le ciel encor parle à des cœurs pieux.

(LAM.)

Ainsi arrangées, ces rimes s'appellent aussi *rimes mêlées*. On n'y met pas de suite plus de deux vers masculins ou plus de deux vers féminins, et leur ordre n'est point uniforme. Voici un exemple de *rimes croisées* :

Que le Seigneur est bon ! que son joug est aimable !
Heureux qui dès l'enfance en connaît la douceur !

Les biens les plus charmants n'ont rien de comparable
Aux torrents de plaisirs qu'il répand dans un cœur.
(RAC.)

Les autres dénominations de rimes n'ont rapport qu'à l'ancienne poésie française.

### 5. DE LA DISPOSITION DES VERS.

1. Les vers masculins et féminins se disposent ordinairement de manière à ce qu'il n'y ait pas plus de deux rimes de même consonnance à la suite l'une de l'autre.

2. Ce principe, généralement adopté, n'est pourtant pas sans exception : car on trouve assez fréquemment dans nos bons poètes, lorsqu'ils veulent presser un récit ou exprimer un grand sentiment, trois ou quatre rimes suivies.

Cieux, écoutez ma voix; terre, prête l'oreille,
Ne dis plus, ô Jacob! que ton Seigneur sommeille.
Pécheurs! disparaissez, le Seigneur se réveille.
(RAC.)

Donnez-nous, dit le peuple, un roi qui se remue.
Le monarque des dieux leur envoie une grue,
Qui les croque, qui les tue. (LAF.)

3. Dans la poésie noble, dans l'épopée par exemple, la tragédie, la haute comédie, etc., cette exception à la règle générale ne serait point reçue.

4. Le poète est libre de commencer sa composition, ou par une rime masculine, ou par une rime féminine.

5. Les *vers* sont *libres* quand on admet dans une composition des vers de différentes mesures, et que les *rimes* sont *mêlées* suivant le goût ou le caprice du poète.

6. L'assemblage de deux vers, formant un sens complet, se nomme *distique*.

Dans la fable et le conte il n'eut point de rivaux;
Il peignit la nature, et garda ses pinceaux.
(GUICHARD *sur Lafontaine.*)

7. L'assemblage des vers par quatre ou plus se nomme *stance*, *strophe*, *couplet*, suivant le genre de la composition.

8. Quand une composition ne consiste qu'en un as-

semblage de 3, 4, 6, 8 ou 10 vers, on nomme cet assemblage *tercet*, *quatrain*, *sixain*, *huitain* et *dixain*.

9. Il y a aussi des assemblages de 5, 7 et 9 vers; mais il n'ont pas de dénomination propre.

10. Dans tous ces petits genres de composition, l'écrivain est libre de mêler et de croiser les rimes suivant les préceptes énoncés plus haut; mais dans les sujets relevés il n'emploiera que des rimes plates.

Il est inutile, pour faire comprendre toutes ces observations, de citer des exemples. Rien n'est obscur ni confus.

## 6. DE L'ENJAMBEMENT, DE L'HIATUS ET DES LICENCES.

1. Il y a *enjambement*, lorsque le sens commencé dans un vers ne se complète que dans une partie du vers suivant. Notre poésie rejette les enjambements, à moins qu'ils ne produisent une beauté, comme nous l'avons vu en parlant de la césure. Boileau, en disant

. . . . . . . L'enfant tire, et Brontin
Est le premier des noms qu'apporte le destin,

n'a fait qu'un enjambement apparent : car le sens se complète dans tout le second vers et non pas seulement dans une partie. Il n'en est pas de même dans l'exemple suivant :

. . . . . . Rose après lui retrouve sur la plage
Les voiles; et tous deux sont rentrés au village.

L'enjambement ici est aussi plat qu'il peut l'être. Nul effet poétique, nulle grâce n'est dans cette césure produite forcément par l'enjambement.

L'espèce d'enjambement la plus commune aux poètereaux, c'est celle du génitif, et c'est aussi la plus disgracieuse.

Ces jardins, ces forêts, cette chaîne sauvage
De rocs. . . . . . . . . . . .
Comme il reste surpris lorsqu'au léger feuillage
D'un arbre, il voit, etc. . . . . . .

La faute ici est doublement condamnable, car l'enjambement de deux syllabes (ou d'un pied) est une chute malheureuse. L'oreille pourrait se reposer sur trois ou quatre syllabes, et pour peu que la pensée fût grande, il s'ensuivrait une césure supportable. Mais rien n'est respecté, ni rhythme, ni lois poétiques. Racine se permet-il de faire enjamber un génitif? il dit :

Je parlerai, Madame, avec la liberté
D'un soldat qui sait mal farder la vérité.

Remarquez 1° que l'enjambement est de trois syllabes; 2° que le poète a soin de faire courir tout d'un trait sa phrase jusqu'au bout du vers, pour faire excuser son enjambement; 3° qu'en supprimant les mots : *qui sait mal farder la vérité*, il y aurait une belle césure. Il y a, en effet, un sens profond dans le mot *soldat*. C'est un *soldat* qui va parler, sans éloquence, sans fard, librement, à une impératrice. Nous nous arrêterions sur ce mot avec intérêt, et nous comprendrions à merveille toute son énergie.

Pourquoi le même poète n'a-t-il pas dit dans Athalie?

Le peuple saint en foule inondait les portiques
Du temple orné partout de festons magnifiques.

Parce qu'il y avait un enjambement du génitif sans effet de césure; pour éviter cette faute, il a eu recours à l'hyperbate, en plaçant le dernier vers avant le premier, et a fait deux vers irréprochables.

Du temple orné partout de festons magnifiques
Le peuple saint en foule inondait les portiques.

2. L'*hiatus* est produit par la rencontre de deux voyelles, dont l'une ne peut s'élider. Ex. : Il all*a à* Arras. Quoiqu'il ne soit pas interdit dans la prose, il y fait presque toujours un mauvais effet. Dans la poésie, il n'est point permis, excepté quelques cas rares.

Nos anciens poètes se permettaient l'hiatus : Saint-Gelais, Théophile, Regnier, Marot ne prenaient aucun soin de l'éviter; on en trouve même encore des exemples dans Malherbe; mais depuis il a été sévèrement banni de la poésie.

Il y a encore hiatus 1° quand une voyelle rencontre un *h* non aspiré :

J'*ai hor*reur d'un succès qu'il faut qu'un crime achète.

2° Quand la conjonction *et* se trouve avant une voyelle.

*Et en* cent nœuds retors
Accoursit *et al*longe *et en*lace son corps.

(RON.)

5° Quand l'*e* muet précédé d'une voyelle n'est point élidé dans le corps du vers :

Il vous lou*e* tout haut et vous jou*e* tout bas.
(SCAR.)

4° Quand, l'élision étant faite, il s'ensuit une prononciation dure et désagréable :

En m'arrachant mon fils, m'avait puni*e* *a*ssez.
(V.)

Condamne-*le à* l'amende, ou, s'il le casse, au fouet.
(RAC.)

Ce dernier hiatus n'est point absolument et en principe regardé comme vicieux. Il est pourtant sec et rude. Il fait moins mauvais effet dans ce vers de Boileau :

L'honneur est comme une île, escarpé*e et* sans bords.

L'hiatus n'est point vicieux :

1° Quand on veut citer des expressions proverbiales et des phrases toutes faites.

Le juge prétendait qu'*à tort et à travers*
On ne saurait manquer, condamnant un pervers.
(LAF.)

*Tant y a* qu'il n'est rien que votre chien ne prenne.
(RAC.)

2° Dans les interjections, et le mot *oui*.

*Ah! il* faut modérer cette conduite austère.
*Oui, oui,* je veux parler, et ce dessein m'amène.

5. La *licence* poétique est une incorrection, soit de langage, soit d'orthographe, permise en faveur de l'harmonie, de l'élégance et de la rime; c'est toute liberté que le poète se donne contre la règle et l'usage ordinaire.

En faveur de l'harmonie, la licence autorise des expressions semblables à celle-ci :

. . . . .                    De joyeuses abeilles
Viendront s'abattre en foule *à* leurs rideaux de lin.
(V. H.)

Il faudrait rigoureusement *sur* leurs rideaux.

Rangés devant le vieil autel de pierre
Nous *attendions venir* l'humble bannière.

(J. T)

Au lieu de : *nous attendions que l'humble bannière vint.*

En faveur de l'élégance, la licence autorise certaines expressions que la prose n'admettrait pas toujours, telles sont :

L'empyrée *pour* le ciel.
Les sombres bords — l'autre monde.
La race de Japhet — les hommes.

et une foule d'autres qu'il serait trop long d'énumérer, et qu'on remarquera en lisant les poëtes.

Enfin, en faveur de la rime comme de la mesure, on peut quelquefois supprimer une lettre ou l'ajouter à volonté. Tels sont les mots *je voi*, *j'aperçoi*, *encor*. Ici il faut se guider sur les bons poètes, et ne recourir à ces licences que lorsqu'on ne peut faire autrement.

En général, pour qu'une licence soit bonne, il faut qu'on puisse la justifier par une figure, parce que dans le cas où la grammaire vous condamnerait, la rhétorique vous absoudrait. Mais souvenez-vous qu'on doit

D'une licence heureuse user avec prudence,
Et n'oublier jamais que c'est une licence.

(DE ROSN.)

---

Si je voulais faire une poétique complète, j'aurais à traiter maintenant des nombreux genres de poésie. Mais tel n'est pas mon but, je vais seulement les indiquer.

*La poésie lyrique comprend :*

L'ode sacrée (le cantique).
L'ode héroïque.
L'ode morale ou philosophique.
L'ode badine (la chanson).
La cantate et l'oratorio.

*La poésie épique comprend :*

L'épopée proprement dite.
Le poème héroïque.
Le poème héroï-comique.

*La poésie dramatique comprend :*

La tragédie proprement dite.
La tragédie populaire.
La tragédie lyrique.
La comédie (haute).
La comédie populaire.

*La poésie didactique comprend :*

Le poème didactique.
L'épître.
La satire.
L'apologue.
Le conte.

*La poésie pastorale comprend :*

L'églogue.
L'idylle.

*La poésie élégiaque* ne comprend que l'élégie.

*La poésie fugitive comprend :*

L'acrostiche.
Le bouquet.
La charade.
La complainte.
Le distique.
L'énigme.
L'épigramme.
L'épitaphe.
L'épithalame.
L'impromptu.
L'inscription.
Le logogriphe.
Le madrigal.
Le quatrain.
Les stances.
Le vaudeville.
Le sonnet.
La ballade.
Le rondeau.
Le triolet.
Le lai.

---

J'abandonne l'étude de tous ces genres aux élèves qui ont des dispositions naturelles à la poésie, recommandant à ceux qui n'ont pas reçu le *feu sacré* de s'occuper de prose. Pour encourager ceux-ci à cultiver l'éloquence, en même temps que pour les rebuter d'une audacieuse entreprise, je leur proposerai l'exemple d'un de nos plus célèbres prosateurs, qui, sollicité un jour de faire des vers, composa, après y avoir bien rêvé, le célèbre distique suivant :

Il fait en ce grand jour le plus beau temps du monde,
Pour voyager à pied sur la terre et sur l'onde.

Assurément, ces vers qui avaient coûté au célèbre orateur une demi-journée de travail, ne valent pas un seul membre de la plus faible de ses périodes, qu'il avait peut-être fait en moins d'une minute.

FIN.

# TABLE.

## DEUXIÈME PARTIE.

J.-A. GUYET.

PRÉCIS DE RHÉTORIQUE.

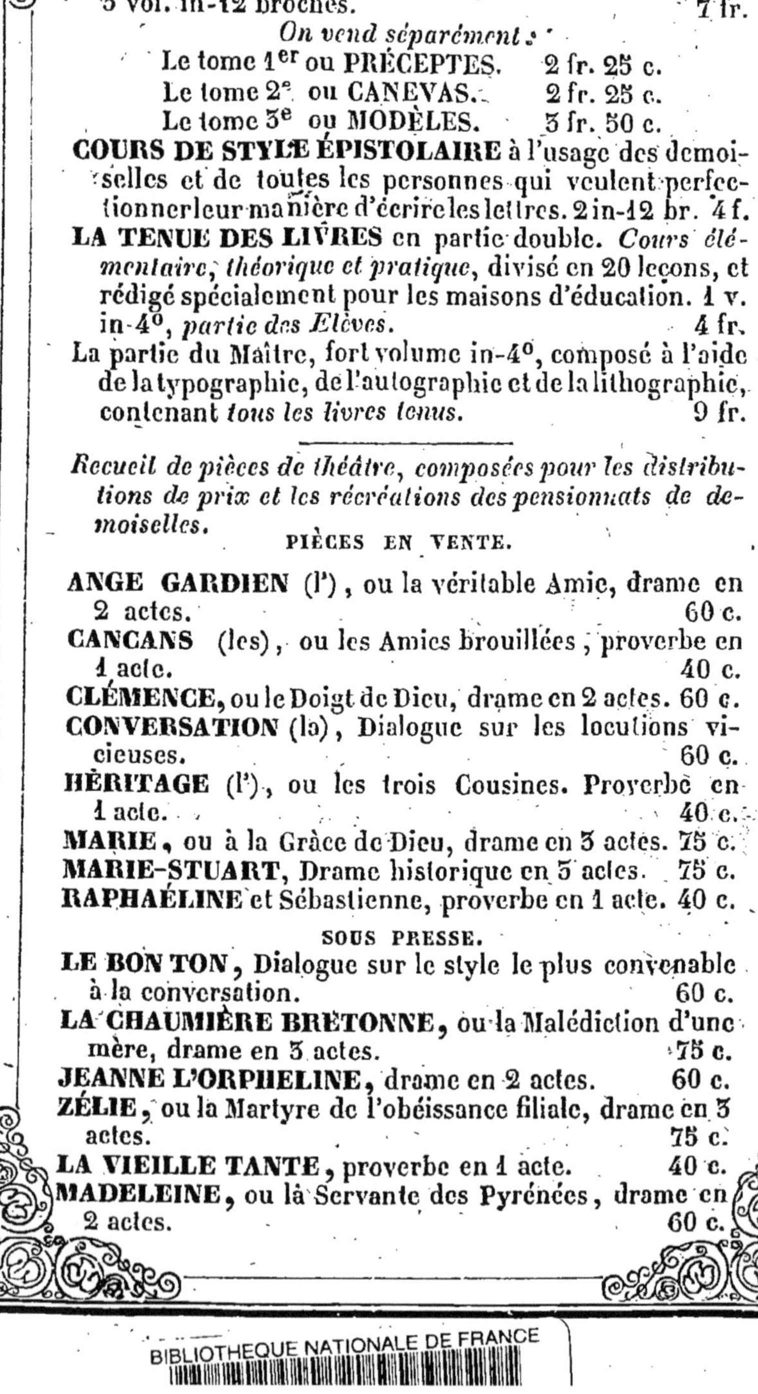

## Ouvrages du même Auteur.

**RHÉTORIQUE APPLIQUÉE**, ou Recueil d'exercices littéraires dans tous les genres de compositions françaises. 3 vol. in-12 brochés. 7 fr.

*On vend séparément :*

Le tome 1er ou PRÉCEPTES. 2 fr. 25 c.
Le tome 2e ou CANEVAS. 2 fr. 25 c.
Le tome 3e ou MODÈLES. 3 fr. 50 c.

**COURS DE STYLE ÉPISTOLAIRE** à l'usage des demoiselles et de toutes les personnes qui veulent perfectionner leur manière d'écrire les lettres. 2 in-12 br. 4 f.

**LA TENUE DES LIVRES** en partie double. *Cours élémentaire, théorique et pratique*, divisé en 20 leçons, et rédigé spécialement pour les maisons d'éducation. 1 v. in-4°, *partie des Elèves*. 4 fr.

La partie du Maître, fort volume in-4°, composé à l'aide de la typographie, de l'autographie et de la lithographie, contenant *tous les livres tenus*. 9 fr.

---

*Recueil de pièces de théâtre, composées pour les distributions de prix et les récréations des pensionnats de demoiselles.*

PIÈCES EN VENTE.

**ANGE GARDIEN** (l'), ou la véritable Amie, drame en 2 actes. 60 c.

**CANCANS** (les), ou les Amies brouillées, proverbe en 1 acte. 40 c.

**CLÉMENCE**, ou le Doigt de Dieu, drame en 2 actes. 60 c.

**CONVERSATION** (la), Dialogue sur les locutions vicieuses. 60 c.

**HÉRITAGE** (l'), ou les trois Cousines. Proverbe en 1 acte. 40 c.

**MARIE**, ou à la Grâce de Dieu, drame en 3 actes. 75 c.

**MARIE-STUART**, Drame historique en 5 actes. 75 c.

**RAPHAÉLINE** et Sébastienne, proverbe en 1 acte. 40 c.

SOUS PRESSE.

**LE BON TON**, Dialogue sur le style le plus convenable à la conversation. 60 c.

**LA CHAUMIÈRE BRETONNE**, ou la Malédiction d'une mère, drame en 3 actes. 75 c.

**JEANNE L'ORPHELINE**, drame en 2 actes. 60 c.

**ZÉLIE**, ou la Martyre de l'obéissance filiale, drame en 3 actes. 75 c.

**LA VIEILLE TANTE**, proverbe en 1 acte. 40 c.

**MADELEINE**, ou la Servante des Pyrénées, drame en 2 actes. 60 c.

www.ingramcontent.com/pod-product-compliance
Ingram Content Group UK Ltd.
Pitfield, Milton Keynes, MK11 3LW, UK
UKHW020607180726
13838UKWH00001B/471

9 782329 029337